我的世界 Minecraft

从小孩到大人都盖得 ▶ 出来的101座建筑 建筑 大百科

王育贞 张孝谦 卢品霖 编著

辽宁人民出版社

一起发挥创造力，
盖出各种风格的建筑吧！

我的世界 Minecraft

从小孩到大人都盖得出来的101座建筑 建筑大百科

Contents

附　录
合成清单
198

第 1 章

基础篇

两种模式与建筑

　　Minecraft中一共有生存模式、极限模式以及创造模式三种模式，不过极限模式玩法基本上还是跟生存模式一样，所以这里只讨论生存模式以及创造模式两种。也许有些人会觉得生存模式跟建筑扯不上关系，其实大有关系呢！因为Minecraft游戏相当自由，就算是在生存模式之中，只要可以生存下去，做什么都可以，其中当然包括建筑了。也有不少玩家喜欢在生存模式中把自己的房子盖得漂漂亮亮的呢！

▲Minecraft模式可以大致分为生存模式、创造模式两种，两种模式下都可以挑战建筑哦！

　　接下来的篇幅将会简介一下两种模式，以及在这两种模式之下，建筑大概会是什么形态。在两种不同模式之下玩建筑，各有不同的乐趣，各位看官可以依照自己的喜好，选择一种模式挑战建筑。当然，在两种模式之下都喜欢的玩家也大有人在呢！如果有时间的话，不妨在两种模式之下，都挑战盖建筑看看哦！

▲你决定要在哪一种模式下挑战建筑的技巧了吗？

生存模式之下的建筑

生存模式，顾名思义就是要在Minecraft的世界中生存下去，主要的玩法就是到地洞探险，并且寻找食物充饥，随时都要提防怪物偷袭，是一个挑战度相当高的模式。不过也因为需要生存的关系，系统不会给予太多协助，不管什么都需要自己来，特别是建筑所需要的材料。也就是说，在生存模式之下，玩家除了要生存之外，还要收集建材。这也就是新手在游戏的第一天，手边没有多少武器、工具的情况下，盖一间临时的避难所有多么困难的原因了。

▲在生存模式之下盖房子所需要的材料，都要自己去收集。

由于在生存模式之下，需要自己收集建材，而且还需要顾及生存，所以想要挑战大型建筑有一定的难度，因此可以盖出来的房子规模多半都不大。不过，能够盖出一栋房子出来，就已经让人有相当的成就感。此外，有些服务器也会试着挑战在生存模式之下，合作盖出大型的建筑来，只是会更加讲究团队合作以及效率。

▲就算是盖出一小间房子，也会让人格外的有成就感。

创造模式之下的建筑

由于玩家的角色在创造模式之下可以飞行，所以许多高处的建筑工程就变得简单许多，虽然半空中的建筑还是需要从地面上开始盖，不过却省去了许多设置垫脚方块的工夫，让玩家轻松不少。想要在创造模式之下飞行，只要快速按两次空格键，就可以飞到空中了。在空中一样可以前进、后退，想要继续升高，就要按着空格键，不过如果想要下降，就只能再按两次空格键取消飞行状态，等降到需要的高度，再进入飞行状态。

◀在创造模式中，玩家可以飞到空中作业。

在创造模式中，除了可以飞行之外，与生存模式最大的不同就是材料可以无限制使用，这样就省去了许多收集建材的时间，而且想要使用的建材也不会因为找不到而受限。因此在创造模式中的建筑，往往比生存模式的建筑要大上好几倍，在网络上看到其他玩家的分享，那些让人叹为观止的建筑，大多数都是在创造模式之下建造的。当然也有许多专门挑战建筑的团队，在创造模式之下，挑战更令人惊讶的巨大建筑呢！

▲令人叹为观止的巨型建筑，大部分都是用创造模式盖出来的。

如何学好建筑

　　新手要怎么在Minecraft里盖出令人惊叹的作品呢？下面介绍如何利用本书入门盖房子，当个快乐的建筑工！古语云："工欲善其事，必先利其器。"这第一步当然就是要先了解在盖房子时，游戏内外所需要的道具。本书的第3章《工具篇》介绍了玩家在建筑时所需要的工具。其中游戏内工具的部分，在生存模式之下会比较需要。而游戏外的工具，就是帮助玩家画蓝图、打草稿的工具，不管在什么模式之下都会需要哦！

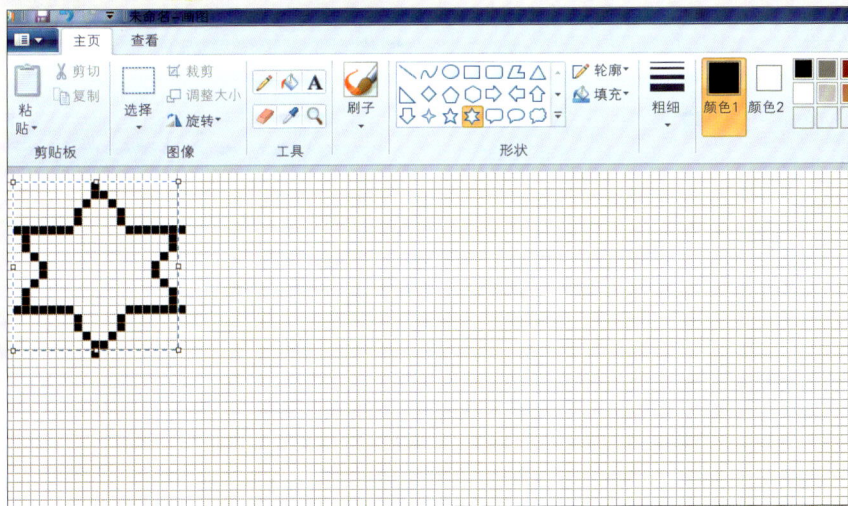

第1章
基础篇

第2章
环境篇

第3章
工具篇

第4章
建材篇

第5章
盖建篇

第6章
装潢篇

第7章
建筑篇

▲第3章介绍了许多可以帮你画出建筑蓝图的工具。

　　接下来就是生存玩家们比较需要的第2章《环境篇》，这章介绍哪些材料可在哪里找到，想要寻找特定建材时，就不用绕远路喽！而第4章《建材篇》则是介绍所有Minecraft中的方块以及运用在建筑上的效果。通过这一章可以让人了解这些建材的外观及特性，可以更灵活运用这些材料，盖一栋漂亮的房子哦！

原石建材

　　原石即所谓的未加工石材，是Minecraft里面除了一般泥土、原木之外最好取得的建筑材料。原石可以在各种矿洞区域中开采取得，而即便在没有矿洞的情形下直接往下开挖也有高概率可以取得各种不同的原石材料。游戏中每种原石不但色彩不同，就连纹路也不一样，在使用来当建材时可以依各种原石的颜色与纹路用于外墙、柱子、屋顶等区域。

▲了解每种建材的外观及特性后，更可运用在建筑上面哦！

在了解基本的工具以及建材之后，就可以开始动手盖房子了。不过在盖房子之前，建议看一下第5章《营建篇》，这一章介绍如何从零开始动手盖出美观的建筑，提醒你每一个可能会忽略的小细节。如果还不知道要怎么盖出自己满意的建筑的话，可以参考一下第7章《建筑篇》，这一章收录了许多不同类型的建筑，可以让你从中找到灵感。

▲ 有没有想过在家附近的小河上盖一座石桥呢？

当房子盖好之后，接下来就是要考虑怎么装饰你的房子了。如果不知道怎么布置的话，可以参考第6章《装潢篇》，这一章介绍了一些现实生活中的家具，玩家们可以运用这些实例去布置自己刚盖好的房子，让自己的房子可以变得更漂亮。而且这些章节都附有地图档，安装之后就可以慢慢拆解这些建筑、家具，说不定会产生新的灵感呢！

▲ 不知道要怎么装饰室内吗？参考第6章就对喽！

玩过 MINECRAFT 之后才知道什么叫好玩，用过网易考拉海购之后才知道什么叫划算

第 2 章

环境篇

草原

草原场景对于生存的新手来说，是属于比较理想的地形，特别是随手可得的泥土，就算是空手也可以在第一天内就用泥土盖出一栋房子来避难。另外，草原地形比较平坦，而且比较容易生成村庄，盖房子时不需要浪费太多时间整地，所以适合盖大型建筑。不过缺点在于树木比较缺乏，玩家需要花较多时间去寻找木材。

可采集材料

泥土

最常见的素材，就算空手也可以挖取，对生存的新手来说，是相当实用的盖房子材料。

花

蒲公英、雏菊等都是草原上常见的花朵，不但可以用来装饰室内，还可以制作成各种颜色的染料。

向日葵

向日葵只会在特殊的向日葵草原中自然生成，向日葵草原除了可以自然生成向日葵之外，与一般的草原并没有什么区别。

种子

破坏草原中最常见的草丛就可以获得种子，而将种子种植后就可以生成小麦。小麦是Minecraft中最常见的农作物之一。

鸡

鸡在草原中相当常见，不但可以生产鸡蛋，打倒后还会掉落鸡肉跟羽毛，对于生存的新手来说，是相当不错的食物来源。

游戏我玩 MINECRAFT，学习我用网易云课堂

第 1 章 基 础 篇

第 2 章 环 境 篇

第 3 章 工 具 篇

第 4 章 建 材 篇

第 5 章 营 建 篇

第 6 章 装 潢 篇

第 7 章 建 筑 篇

村庄

村庄区域是Minecraft游戏中一种随机产生的地形，由于大部分的村庄区域都非常小，所以要在游戏中找到村庄全靠运气。村庄区域内一般固定会有数栋NPC的房屋建筑以及水井，除此之外也有NPC村民在其中；在村庄区域里大多数建筑都是用原木和鹅卵石制作而成，偶尔也会有一些特殊建筑如铁匠铺、图书馆等。

可采集材料

砾石

村庄区域之中会有用砾石来铺设的道路，可以采集起来当作自家用的建材。

鹅卵石

村庄内的建筑物大多使用鹅卵石作为建材，如果不考虑村庄的发展的话可以将鹅卵石采集起来使用。

种子

村庄区域中的田地除了成熟植物外，也有种子可以采集，是相当方便的食物来源所在地。

马铃薯

大多数的村庄内都有自动产生的田地，而田地多半会有成熟的马铃薯可以采集以供食用。

小麦

与马铃薯一样，在村庄区域自动产生的田地里面往往也会有小麦出现，可以采集回去制作食物。

洞窟

　　洞窟区域是在Minecraft游戏之中随处可见的一个区域，通常在重生点的周围即可找到洞窟区域，而游戏中洞窟区域内拥有非常多的重要资源，包括铁矿、煤矿以及各种建筑用的原石建材都可以在洞窟中找到。洞窟深处通常都会有怪物存在，因此在洞窟开采原料要尽量回避有怪物的区域才行。

可采集材料

石头

　　石头是最普遍的一种石材，通常用镐破坏后可转变成鹅卵石，如果通过特殊工具可以不破坏而直接取得石头原石来使用。

闪长岩

　　闪长岩是一种长着非常明显纹路的石材，可在许多区域如洞窟、峭壁中发现，可用在各式各样的建筑物上面。

安山岩

　　安山岩与闪长岩一样是一种常见的石材，在洞窟或峭壁中都很常见，本身纹路接近石头，十分适合拿来当建材。

鹅卵石

　　鹅卵石是一种非常容易取得的建筑材料，只要用镐破坏石头就能取得，如果需要大量石头建材，那么鹅卵石是第一选择。

铁矿

　　铁矿是在洞窟中可发现的特殊矿物，挖掘后可以取得铁矿石，用途非常广泛。

废矿坑

废弃矿坑是一个非常稀有的特殊区域，此环境地形与村庄一样随机出现在所产生的地图上，所以如果想要找到废弃矿坑的话需要四处找才行；通常废矿坑都有一个不怎么明显的入口，而矿坑内部则有相当多的陷阱以及敌人，但相对的资源也很多，除了原石材料之外，在矿车储物箱内也可发现各种金属！

第2章 环境篇

第3章 工具篇

第4章 建材篇

第5章 营建篇

第6章 装潢篇

第7章 建筑篇

可采集材料

金锭

在废矿坑的矿车储物箱之中有一定概率取得金锭，可以用来制作高阶的装备或者是道具。

铁锭

铁锭一样是废矿坑内矿车储物箱中会出现的道具。铁锭可用来制作铁制工具或武器、护甲，在探索时相当实用。

钻石

珍贵的钻石偶尔会出现在废矿坑的矿车储物箱中。钻石的用途相当多，除了用来做高阶装备道具外，也能作为建材使用。

铁轨

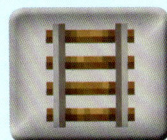

在废矿坑中往往可以发现废弃的铁轨，可挖掘出来作为建筑材料，搭配上矿车将相当实用。

面包

在废矿坑的矿车储物箱中偶尔会附带面包之类的食物，让人可以中途补给一下后继续探索废矿坑。

峭壁

在Minecraft世界中，不论哪一种地理环境下，都会有峭壁区域产生，而峭壁区域也是石制建材的来源点。一般峭壁上会有清楚的、不同的颜色，可以看到泥土、石头以及如煤之类的矿物，而同一个峭壁依高度不同也会有不同种的石材，如一般石材、花岗岩、闪长岩、砾石等等。除此之外，峭壁处通常也有些树木，可以取得木制建材。

可采集材料

石头

石头是最普遍的一种石材，通常用镐破坏后可转变成鹅卵石，如果利用特殊工具可以不破坏而直接取得石头原石来使用。

花岗岩

花岗岩常见于峭壁以及洞穴，是一种外形看起来与泥土相当接近的原石材料，可以拿来当建筑物的建材使用。

闪长岩

闪长岩是一种长着非常明显纹路的石材，可在许多区域如洞窟、峭壁中发现，可用在各式各样的建筑物上面。

砾石

砾石常出现在峭壁上，在开采砾石时有一定概率会掉落燧石。砾石是一种不错的建材，可用于铺设路面或是盖房屋。

煤矿

煤矿是一种常出现在峭壁及洞穴内的矿物，在挖掘后可取得煤炭。煤炭本身是相当优良的燃料。

下界

　　下界是Minecraft游戏中非常特殊的环境区域，只有通过下界传送门才能进入。在下界的环境中危机处处可见，主要的物质——熔岩以及强大的敌人都可让闯入者瞬间死亡。不过高危险的同时，相对的也有许多只有在此区域才能获得的材料。下界随处可见如地狱石、地狱石英、荧光石、灵魂砂以及地狱疙瘩等珍贵的材料。

可采集材料

地狱石

　　地狱石是一种在下界随处可见也只有下界才可挖掘到的石头，有着点燃后永燃不灭的特性，用途相当多。

地狱石英矿

　　地狱石英矿与地狱石一样都只有下界才有，挖掘取得的地狱石英，可用来制作多种道具。

灵魂砂

　　灵魂砂是一种外形特殊的下界材料，可以当作建材使用，在灵魂砂上移动的物体速度会比平常慢。

荧光石

　　荧光石是一种在下界中数量稀少、取得也困难的特殊材料。荧光石内通常有数个荧光石粉，可以用于附魔或者是用来制作灯。

地狱疙瘩

　　地狱疙瘩是下界唯一的植物，通常长在灵魂砂的周围，可以用来调和药水。

森林、沙漠

森林和沙漠两个区域是Minecraft游戏开始时很容易碰到的环境地形。在森林区域中由于有大量的树木存在，所以可以取得许多原木材料。除此之外森林的周围通常也有不少果类食物或者花卉可以采集。而沙漠地形在游戏中是属于比较单纯的环境，除了沙子以外就以砂岩、仙人掌以及甘蔗类植物为主。

可采集材料

原木

原木是随处可见的材料，可以直接拿来当建材或者是加工成为木材，不同的原木有着不同的外形和色彩。

郁金香

在森林中郁金香是非常常见的花朵，有着漂亮的颜色，非常适合拿来布置自家区域。

蘑菇

蘑菇是一种常见的食用道具，除了可以直接食用之外，也可以用来混合其他食材制作料理。

甘蔗

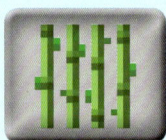

甘蔗通常生长在水流经过的沙漠区域，是相当不错的食用材料，并可以用来做许多特殊物品。

砂岩

在沙漠区域中随机出现的神殿处可以取得坚固的砂岩，砂岩拥有特殊的纹路且不像沙子受重力影响，是不错的建筑材料。

仙人掌

仙人掌是在沙漠中随处可见的植物，可以拿来当作建材使用，也可以作为燃料，不过不能够食用或者作为料理材料。

玩过 MINECRAFT 之后才知道什么叫好玩，用过网易考拉海购之后才知道什么叫划算

海滩、沼泽

海滩是位于海边的环境区域。不同于其他的环境区域有着各式各样的资源，海滩基本上只有沙子可以采集，资源相当贫乏。而沼泽区域则类似于森林区域，常可见到大型的湖泊，出现在沼泽区域的树木与一般森林比起来有些差异。沼泽本身有许多材料可以取得，同时还有机会产生沼泽小屋，会有特殊的女巫怪物出现于此。

可采集材料

沙子

沙子是一种常见于海岸、沙漠的材料，可以加工成很多其他的物品。由于会受重力的影响，沙子不适合用作建筑材料。

原木

原木是随处可见的材料，可以直接拿来当建材或者是加工成为木材，不同的原木有着不同的外形以及色彩。

黏土

黏土是一种可在河流或湖泊底部采集到的材料，加工之后可以用作建筑材料。

蘑菇

蘑菇是一种常见的食用道具，除了可以直接食用之外，也可以用来混合其他食材制作料理。

史莱姆

史莱姆是一种出生在沼泽区域的敌人，会利用冲撞来攻击。在史莱姆死亡时会掉落史莱姆球，可用来制作史莱姆方块。

蘑菇岛、冰原

蘑菇岛是Minecraft里非常特殊的环境，一般只有在遥远的海洋才会出现。此环境地形不会产生任何怪物，唯一存在岛上的生物是长着香菇的牛——"哞菇"。蘑菇岛可取得的材料以蘑菇、菌丝土为主，不过如果有洞穴或废矿坑的话，仍然可取得石制建材。冰原则是一望无际的雪原地带，资源相当贫乏，只有原木建材和少量的食物可取得。

可采集材料

菌丝土

菌丝土遍布在蘑菇岛上，是一种有着特殊色彩的土壤，需要用特殊的工具才能无破坏地取得。

蘑菇

蘑菇是一种常见的食用道具，除了可以直接食用之外，也可以用来混合其他食材制作料理。

哞菇

哞菇是唯一生存在蘑菇岛上的生物，外形看起来像牛与香菇混合在一起。哞菇与一般的牛一样会掉落肉以及皮革。

云杉

云杉是一种在雪原上常见的树木，其颜色比一般的橡木深，是雪原上重要的木材来源之一。

冰砖

冰砖是一种不会融化的材料，只有在冰原环境中的冰刺平原上才有机会找到。任何在冰砖上面行走的物件，移动速度都会加快。

INT | 🎁 ATTACH | 🎁 REMOVE | HIDE CANVAS | CLEAR | SAVE | BACKGROUN | K TO TOP

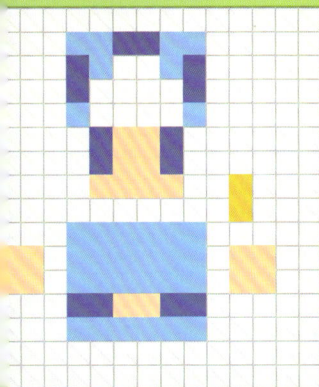

CURRENT LAYER | PASTE

VORITED : LAST 24H ▼ | ▼

EVIL PIKACHU
BY HEE
2016/04/11 03:32:05 ID: 74931
14 VIEWS 0 FAV.

FINISHED DRAGON!!!!!
BY CLARE HAYWARD
2016/04/11 02:28:27 ID: 74920
12 VIEWS 0 FAV.

MARIONETTE DE FNAF
BY O B
2016/04/11 03:19:57 ID: 74923
10 VIEWS 0 FAV.

HANDRAILGUN
BY VYTENIS
2016/04/10 19:52:37 ID: 74924
3 VIEWS 0 FAV.

CUTE COBRA!!!!!!!!!!!
BY CLARE HAYWARD
2016/04/11 02:19:22 ID: 74928
2 VIEWS 0 FAV.

THORS

V. TAMUKING

V. KSI

V. WEEPYMOON

V. J MAN

V. HEE

🐦 TWITTER 📘 FACEBOOK ♥FAVORITES | 🔵 BLOCK STORE

EVIL PIKACHU
BY HEE
ID: 74931 14 VIEWS 0 FAV.

游戏外辅助软件

画图

获得方法：windows内置
种类：绘图软件

在游戏外的辅助工具之中，最好用又最容易找到的就是每个人电脑上都有的"画图"了。只要将解析度放大到最大，显示格线时，就可以拿来画Minecraft的蓝图喽！而且更特别的是，"画图"还附有形状工具，想要任何形状，只要拉一下，就可以马上画出蓝图来哦！

▲ "画图"刚开启的时候并不能直接用来画蓝图。

开启"画图"之后，❶先切换到查看页面，❷然后将缩放放到最大（一直点"放大"，直到无法放大为止），❸并且将格线项目打勾，这样每个格子都是1像素，而且不管蓝图怎么画，每一个格子不是全填满就是全白，所以很适合用来作为Minecraft的蓝图。画好蓝图之后，只要在游戏中依照蓝图的每一格去设置方块，就可以盖出跟蓝图一样的东西了。

◀把缩放放到最大之后，每一格都是1像素，非常适合拿来画Minecraft的蓝图。

在使用形状工具的时候要注意的是，粗细要设定为最细，这样线条的宽度才会是1像素。设定好之后，只要在画面中拖拽，形状工具就可以帮你画好形状了。大小则可以看状态栏的显示，在拖拽的时候，状态栏都会显示目前拖拽的长度以及宽度，拉到自己喜欢的长宽之后，再松开左键，就可以画出漂亮的形状来了。

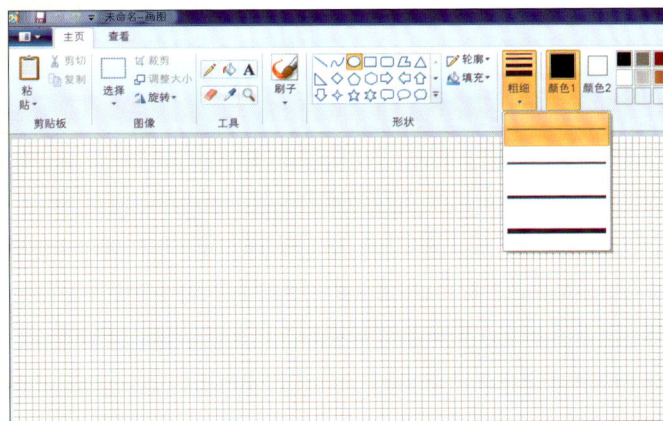

◀记得要把线条的大小调整到最细，这样画出来的线条宽度才会是1像素。

不过，形状工具也并不是万能的，在某些特定的大小，线条可能会歪斜，这个时候就需要靠铅笔工具来修正了。虽然可以用橡皮擦来擦掉不需要的部分，但是想要修饰以1像素为单位的线条，橡皮擦就显得有点大了。这个时候可以用铅笔工具，再把颜色设定为白色，就可以自由修正画好的蓝图了。

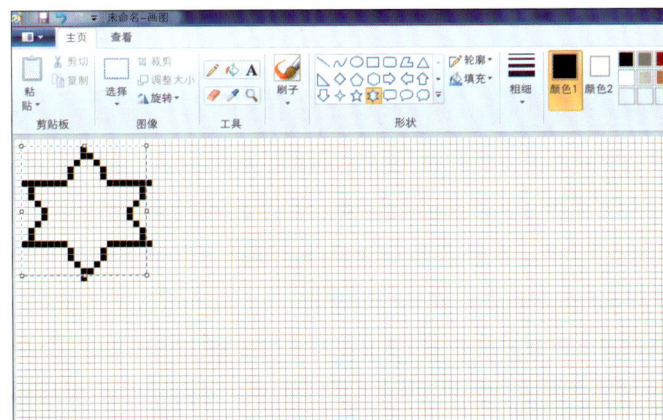

◀可以自由选择21种形状工具，画出自己喜欢的图形。

第1章 基础篇

第2章 环境篇

第3章 工具篇

第4章 建材篇

第5章 营建篇

第6章 装潢篇

第7章 建筑篇

Q-block

链接网址：http://kyucon.com/qblock/
种类：网页工具

接下来要介绍的是一款网页上的工具。虽然只能在16×16×16的空间内修改，不过这个网站不但可以自由调整作品的角度，而且可以分层查看，想要在游戏中复制也变得简单许多。更重要的是，可以看到其他人的作品。当建筑遇到瓶颈的时候，可以上来借鉴别人的创意。这是一个相当不错的网站呢！

▲直接链接到Q-block的网页就可以使用。

在网站中点选任一作品后，点击左上角的"EDIT"就可以进入编辑模式。如果想要从头开始，只要点击"CLEAR"键，就可以将画面中的作品清空，还原成一层画布。编辑的方法相当简单，选择颜色后点击"PAINT"就可以将原有的方块染色；点击"ATTACH"，则可以增加新的方块；点击"REMOVE"则可以将现有的方块移除。

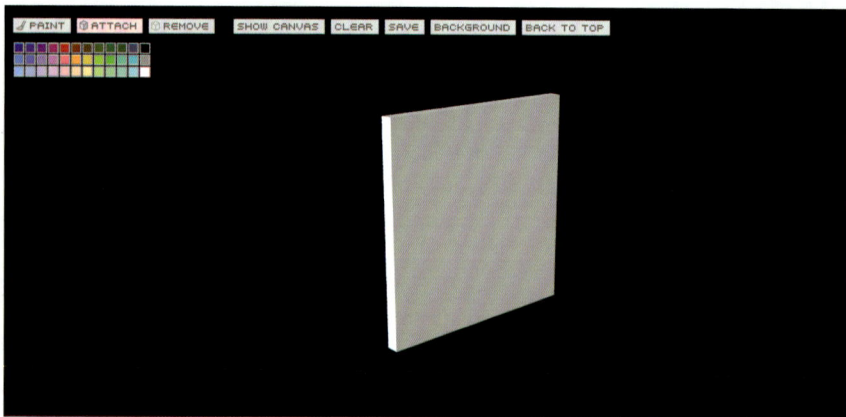

▲点击"CLEAR"就可以从头开始创作。

当然，最重要的是可以在网站上看到其他网友的创作。左上角有各种作品排名可以选择，有最多人点击、最多人喜爱的作品等排行。选好排行榜后，再点击旁边的上下键，就可以浏览其他网友的创作了。其中有很多有趣的作品，当然也不乏大师级的作品，而且构造还算简单，可以直接复制到Minecraft中哦！

▲ 网站中有许多大师级的作品，都设计得相当精美。

在浏览他人作品的时候，可以点击"EDIT"进入编辑模式，然后再点击"SHOW CANVAS"键，就可以查询到该作品各层的结构。如果这样还不了解组合的话，还可点击"ROTATE 90 DEGREES"键，把视角转90度，再看看不同方向的各层是什么结构。这样想要复制到游戏中，就简单了许多哦！

▲ 进入编辑模式，就可以查询到作品各层的结构。

第1章 基础篇

第2章 环境篇

第3章 工具篇

第4章 建材篇

第5章 营建篇

第6章 装潢篇

第7章 建筑篇

Cube Kingdom

下载网址：http://cubekingdom.web.fc2.com/
种类：软件

Cube Kingdom是日本作者独立研发的一款软件，虽然最新的更新停在2009年，不过时至今日还是一款相当好用的软件。玩家可以任意编辑画面中的立体方块，编辑完后还可以输出文件，实用性相当高，甚至还可以读取100×100像素内的BMP文件呢！有这个功能，想要将图片复制到游戏中，也不是问题了呢！

▲Cube Kingdom不需要安装，解压缩后就能直接开启。

游戏的编辑功能相当齐全，点击铅笔图示就可以增加新的方块，橡皮擦图示则可以删除现有的方块，彩色笔可以染色，滴管则可以撷取方块的颜色。而且可以增加的方块很多元，如果只是单纯色彩的话，可以从三原色中自己调整色彩，此外也可以选择不同材质的方块，让你的作品更多变！

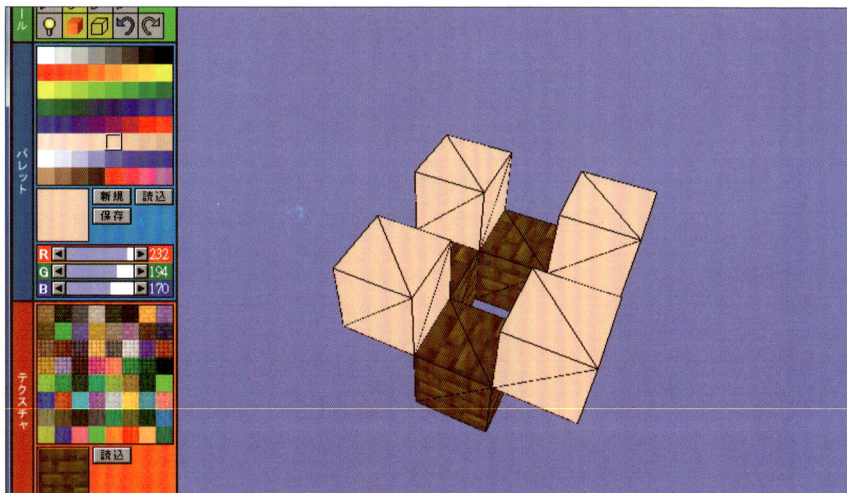

▲Cube Kingdom可以直接使用彩色方块，也可以选择材质方块。

玩过 MINECRAFT 之后才知道什么叫好玩，用过网易考拉海购之后才知道什么叫划算

第3章

工具篇

除了编辑之外，Cube Kingdom的显示方式也相当有趣，不但可以设定显示方块的边缘，还可以开关光线的明暗。显示方块边缘的功能，在编辑时相当有用，让玩家可以直接确认每个方块的位置及角度，而光线的明暗则是可以让玩家确认作品完成后的外观，是相当贴心的设计呢！

▲关掉方块边缘后，作品就显得真实许多。

Cube Kingdom最重要的功能之一，就是可以读取100×100像素以内的BMP图片。读取完成之后，图片会变成厚度为1像素的立体物件，利用这一点，玩家就可以简单地将图片复制到Minecraft中。而且除了图片之外，还可以输入材质文件，有了这个功能，玩家就可以直接输入Minecraft的材质文件，直接创作喽！

▲Cube Kingdom还可以读取BMP图片。

第1章 基础篇

第2章 环境篇

第3章 工具篇

第4章 建材篇

第5章 营建篇

第6章 装潢篇

第7章 建筑篇

Plotz

链接网址：http://www.plotz.co.uk/
种类：网页工具

Plotz是一个由英国人架设的工具型网站，虽然不像前面介绍的几个工具可以自由编辑，不过只要输入几个数值，就可以完美地出现各种尺寸的立体蓝图，包括球形、椭圆球形、环形、椭圆形、天文台、巫师塔、灯塔，甚至是雪人等，只要设定好大小尺寸，就可以马上出现完全比例的蓝图哦！

▲ Plotz是一个很实用的网站工具。

网站的使用方法也相当简单，大部分可以设定的数值，都有拉杆可以调整。以球形为例，只要调整下方的拉杆，就可以设定球形的直径，最高可以设定为直径256的圆球。而且调整右侧拉杆的话，可以逐一查看每一层的结构，方便玩家复制到游戏中。如果想在Minecraft的世界中盖个巨型地球仪，千万不可错过！

▲ 球形的项目最高可以设定到直径256的巨大球形。

除了球形（Sphere）外，网页中还有其他选择，有椭圆球形（Ellipsoid）、环形（Torus）、椭圆形（Ellipse）、天文台（Observatory）、巫师塔（Wizard Tower）、灯塔（Lighthouse）、巨大雪人（Giant Snowman）等，每一个项目都有不同的设定选项，玩家可以调成自己需要的大小，再复制到游戏中哦！

Sphere	Ellipsoid	Torus	Ellipse	Observatory
Wizard Tower	Lighthouse	Giant Snowman		

▲网页中有多个选项可以选择。

其中较有趣的为灯塔，与其他白色方块不同，灯塔的方块有红有白还有透明，让玩家知道在哪一层应该改用什么材料来搭建。可以设定的项目，有灯塔的直径、里面共建几层楼，以及灯塔的倾斜角度等，通过这些可以设定的数值，一定可以调整出玩家心目中理想的灯塔，接下来就是复制到游戏中喽！

▲灯塔的项目中有三种颜色的方块。

第1章 基础篇
第2章 环境篇
第3章 工具篇
第4章 建材篇
第5章 营建篇
第6章 装潢篇
第7章 建筑篇

游戏内工具

工作台

工作台是在生存模式下最需要的道具之一，由于角色本身只有2×2的合成空间，工作台则有3×3，有了它才能够合成各式各样的道具。在玩生存模式的时候，这是第一个需要制作出来的道具。

熔炉

熔炉的功能就是烧制。除了大部分的食物可以用熔炉来烧制之外，一些特殊的原料也需要用到熔炉，例如玻璃、红砖块等，不管是要填饱肚子或是建筑，你都会需要它的。

储物箱

储物箱，顾名思义，就是可以拿来储存东西的箱子，一个储物箱可以储存27格道具，两个箱子并列的话，则可以变成一个大箱子。在生存模式中，它是储存物品不可或缺的道具。

铁砧

在生存模式中，大部分的工具都有耐久度，要在耐久度用光之前使用铁砧来修复，否则就会无法使用。除此之外，铁砧还可以拿来修改道具名称，许多制作机关地图的作者都相当喜欢使用它。

罗盘

在游戏中的罗盘并非指向南方或北方，而是指向玩家的出生点。对于喜欢探险的玩家而言，常常钻到地底探险后，回到地面上已经不知跑到哪里了，而罗盘就可以指引回家的方向。

地图

地图可以显示玩家曾经到过的地方，对于喜欢探险的玩家是相当实用的道具。除此之外，地图还可以通过物品展示框挂在墙上，因此就算是创造模式也会有人拿来当作摆设。

第1章 基础篇

第2章 环境篇

第3章 工具篇

第4章 建材篇

第5章 营建篇

第6章 装潢篇

第7章 建筑篇

铲

铲有木、石、铁、金、钻石等不同材质，主要用来挖掘泥土。虽然在Minecraft的世界中有许多泥土，不过玩家并不太需要，所以多半只会留着最初制作的木铲用来整地。

镐

镐有木、石、铁、金、钻石等不同材质，主要用来挖掘金属矿物，是喜欢洞穴探险的玩家不可或缺的工具。通常在探险之前，或是收集建筑材料的时候，都会制作好几把以备不时之需。

斧

斧有木、石、铁、金、钻石等不同材质，主要用来砍树以及破坏木制方块，是在生存模式初期一定要制作的道具之一。就算在游戏中后期，对于喜欢木制品的玩家而言，需求量也相当大。

锄

锄有木、石、铁、金、钻石等不同材质，主要用来将泥土变成耕地，是农耕的主要工具之一。不过农耕在Minecraft的世界中并不是食物的主要来源，因此锄的需求量并不如其他主要工具大。

铁桶

铁桶主要用来取水方块以及岩浆，在很多地方都会用到。除了设置水方块或是岩浆之外，在发生意想不到的事件时，也可以利用铁桶将水方块或是岩浆回收。

剪刀

剪刀是用来获取羊毛，或是破坏蜘蛛网、树叶等方块的主要工具。特别是获取羊毛的时候可以不杀死羊，因此想要生产大量羊毛时，就会需要剪刀。此外，采集蜘蛛丝所获得的线，在其他地方也相当有用呢！

钓竿

钓竿主要用来钓鱼，是Minecraft世界中获取鱼的关键道具。除了钓鱼之外，也可以用来钩住高处的怪物，或是触发压力板等。

拴绳

拴绳可以拴住动物，并且牵引拴住的动物四处走，也可以将拴绳绑在栅杆上。不过拴绳的最大有效长度为10米（10格方块的距离），超过这个距离的话，拴绳就会断掉。

TNT

TNT就是炸药，主要功能就是爆炸。TNT可以被红石讯号或是打火石引爆，被爆炸波及的方块有一定的概率被摧毁，没被摧毁的方块则会变成道具状态掉在地上。

打火石

打火石是主要用来点火的工具，除了点火之外，还可以引爆TNT或苦力怕，以及触发终界传送门。Minecraft的世界对于火的需求并不大，所以打火石并不常见。

火把

火把是用来提供光源的道具，而且除非被破坏，否则永远不会熄灭，在Minecraft世界中，是相当常见的照明道具。对于喜欢探险的玩家而言，也会准备许多火把来照亮地洞。

时钟

时钟是可以用来显示时间的道具，不过只会显示白天或是夜晚而已。原本是设计在地洞探险时，让玩家可以辨认白天或夜晚的工具，不过玩家的使用率并不高。

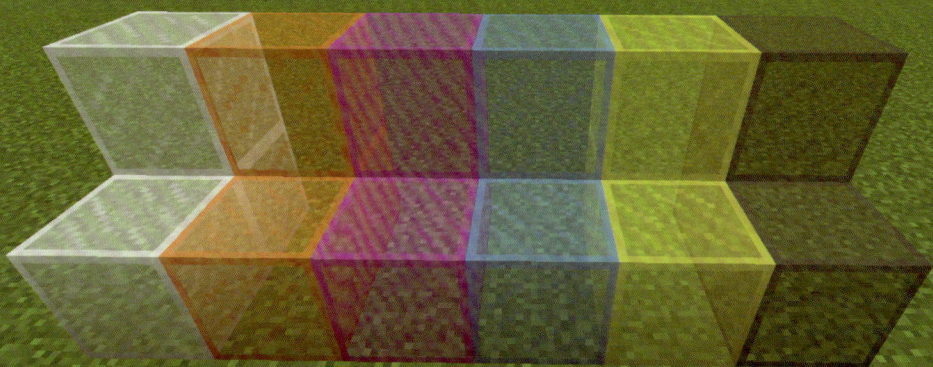

常用材料

原木

原木是直接采集树木而来，而每块原木可以制作成5个木材。一般来说使用木材来建造房子会给人山上小木屋的感觉，而直接使用原木来盖房子的话，则会给人比较粗犷的印象。Minecraft中的树木一共有六种，颜色及花纹各有差异，在盖房子的时候，可以用颜色较深的木材或是直接使用原木来区分墙壁与柱子，让完成后的房子更有质感。

第4章 建材篇

建材一览表

橡木原木
橡树是最常见的树木，自然生成所需要的空间在所有树木之中最小，生存玩家通常会使用橡木来盖房子。

杉木原木
杉木只会在针叶林的生物群系中自然生成，颜色比橡木还要深一点，比较适合拿来搭建房子的柱子及横梁。

桦木原木
桦木属于较为少见的树木之一，特征为白色的树皮，木材也是所有树种之中最白的，受到许多玩家的喜爱。

丛林原木
丛林木只会出现在丛林的生物群系中，生成的条件比较严苛，特征是木材的颜色偏黄。

相思原木
相思木会出现在热带草原的生物群系，虽然树皮的颜色比较浅，但是木材颜色却偏红，可以跟其他木材搭配使用。

黑橡木原木
黑橡木只会出现在黑森林的生物群系，不论树皮或木材都偏黑，所以只适合拿来当柱子或横梁，用作其他会给人相当阴森的感觉。

玩过 MINECRAFT 之后才知道什么叫好玩，用过网易考拉海购之后才知道什么叫划算

第1章
基础篇

第2章
环境篇

第3章
工具篇

加工木材

　　游戏中原木建材除了可以直接使用之外，另一个重点就是放到合成栏会直接变成加工木材。加工木材是游戏内用途最广泛的建材，游戏内各种加工木材的纹路大致相同，颜色则有差异，因此根据颜色的差异可用在各种区域上。

建材一览表

橡木材

　　橡木材可由橡木原木合成取得，此种木材是最常见的建材，可用于木制小屋的建造，如墙壁、屋顶、地板都相当适合。

杉木材

　　杉木原木合成后可取得杉木材。杉木材在颜色上比橡木材更深，相当适合用于制作屋内的柱子及横梁。

桦木材

　　用桦木原木合成后可取得桦木材。桦木材本身除了纹路明显外，颜色也相当白，适合用来点缀屋子或搭建户外阳台使用。

丛林木材

　　丛林木材是用丛林原木合成取得，而丛林木材的颜色比起一般木材有带点红、黄的特性，与橡木材一样适合用在墙壁、屋顶、地板上。

相思木材

　　相思原木在合成后即可产生相思木材。此种木材的颜色偏红色，纹路明显，很适合内部装潢使用。

黑橡木材

　　黑橡木材的特性是偏向巧克力的黑色，也因此即使从远方看也相当明显，用在门窗、天花板、屋内布置都不错。

原石建材

原石即所谓的未加工石材，是Minecraft里面除了一般泥土、原木之外最好取得的建筑材料。原石可以在各种矿洞区域中开采取得，而即便在没有矿洞的情形下，直接往下开挖也有高概率取得各种不同的原石材料。游戏中每种原石不但色彩不同，就连纹路也不一样，在用来当建材时可以依各种原石的颜色与纹路，用于外墙、柱子、屋顶等区域。

建材一览表

石头

石头是最常见也最容易取得的原石建材，可在各个区域的矿洞或者是山壁上取得，也是用来盖石制小屋最简单的材料。

花岗岩

花岗岩可以在矿洞或地下矿脉取得，其外形以及颜色很容易跟泥土搞混，颜色上较接近褐色，可用在门框、窗框之类的地方。

闪长岩

闪长岩经常可在矿洞或地下矿脉中取得，特色在于较一般石头更白并有细致的斑点，用于墙壁、屋顶都不错。

安山岩

安山岩除了存在于矿洞、地下矿脉之外，峭壁处也常常见到，其特色在于颜色接近石头，且具有特殊的斑点，用在地板上相当不错。

鹅卵石

鹅卵石是一种外表颗粒相当明显的原石建材，可用于建筑不同特色的石制建筑，通常可以在有水的区域或是地底深处的地穴处出现。

砾石

砾石是一种常见的原石建材，可在水边、矿脉及村庄周围找到。砾石的纹路粗而且会受到重力影响，因此大多用在地基、柱子上。

平滑加工石材

平滑加工石材专指原石经过平滑加工而成的特殊建材。平滑加工石材与一般未加工的原石建材相比有明显切割的痕迹，同时表面的纹路也比较细致。将平滑加工石材并排堆叠时可以看到石材之间的线条。平滑加工石材很适合运用在各种建筑物上，用作墙壁、路面以及门框等。

建材一览表

平滑花岗岩

平滑花岗岩是用花岗岩加工而成的石材，纹路没有花岗岩明显，不过有着明显的加工线条，适合用在石制建筑物上。

平滑闪长岩

平滑闪长岩为闪长岩加工后的石材，与平滑花岗岩一样，有着明显的加工线条，而原本闪长岩的纹路则因为加工而柔化了些。

平滑安山岩

平滑安山岩一样是从原石加工而来，也有细致的加工线条。除此之外，平滑安山岩还抹去了原本安山岩的纹路，看起来更有质感。

平滑砂岩

砂岩加工后即可取得平滑砂岩。平滑砂岩与以上的平滑加工石材不同，没有明显的切割线条，但本身纹路相当清晰。

平滑红砂岩

平滑红砂岩是用红砂岩加工而成的建材，基本上就是平滑砂岩的红色版本，一样有着清晰的纹路。

第1章 基础篇
第2章 环境篇
第3章 工具篇
第4章 建材篇
第5章 营建篇
第6章 装演篇
第7章 建筑篇

一般砖材

在Minecraft游戏里面有非常多以"砖"为名称的建筑材料,这些材料通常都有细致的造型,且适合用来盖各种不同的建筑物,如红砖十分适合拿来盖瓦舍或者是传统砖屋之类的建筑物,而石砖适合用来盖大型石造建筑物之类。妥善地运用各种砖型建材可以打造出更漂亮的建筑物哦!

建材一览表

红砖

红砖是一种有着红白格状纹路的建筑材料,由于此材料纹路是以横向为主,因此很适合作为墙壁的建材。

石砖

石砖是一种非常万能的石制建材,其外形有数个切割的纹路,当多个石砖组合起来时纹路也不会凌乱,可运用在建筑物上。

浮雕石砖

浮雕石砖是有回状纹路的石砖。由于其纹路并不像一般石砖那么好结合,通常用在直立柱子或横梁上。

石英砖

石英砖是一种纯白色的漂亮建材,非常适合用来打造高雅的建筑物,如阳台或凉亭之类,不过在取得上比较困难。

浮雕石英砖

浮雕石英砖的表面有着复杂的几何图案。与石英砖不同的是,浮雕石英砖互相连接时没有线条,因此很适合拿来做柱子。

紫珀砖

紫珀砖是一种外形与石砖十分相似的紫色建材。由于紫珀砖的切割线相当漂亮,因此很适合拿来做地板或者是墙壁。

特殊砖材

Minecraft游戏世界之中，除了一些容易取得的砖型建材之外，也有一些取得难度相当高的特殊砖型建材。这些特殊砖材通常都需要大量的贵金属或者是矿物来合成获得，因此不适合当建筑物的主体，如墙、地板、天花板之类。不过，因为这些特殊砖材通常都色彩鲜艳，因此用在装潢上相当不错。

第1章
基础篇

第2章
环境篇

第3章
工具篇

第4章
建材篇

第5章
营建篇

第6章
装潢篇

第7章
建筑篇

建材一览表

金砖

用黄金所做成的砖块，有着金光闪闪的外形。如果想打造一个金碧辉煌的房间，金砖就是最佳的选择。

钻石砖

钻石砖是一种用钻石合成的建材，取得难度相当高，而外形上有着淡蓝色的特质，适合用在小型建筑物的装饰上。

绿宝石砖

绿宝石砖与钻石砖一样，都极难取得，而绿宝石砖有着类似菱形的纹路，因此可以交叉运用在墙壁、地板上以作为装饰。

红石砖

红石砖是利用红石粉末合成的特殊建材，本身有着非常亮眼的红色，通常用于室内装潢。

青金石砖

青金石砖的颜色偏深蓝，本身并没有明显的纹路，也是适用于室内装潢的建材。

地狱砖

地狱砖是一种熔炼地狱石并加工后才能获得的建材，建材本身带着暗紫色的风格，可以用于石制建材的装饰或者是当柱子用。

染色黏土

在Minecraft游戏中，除了一般的木材、石材或者砖块物件之外，最近几个版本中还加入了可染色的硬化黏土这个不错的建材。硬化黏土主要来自任何有水源的区域底部，也可以在游戏中平顶山区域内采集到。硬化黏土可以用任何染料染上特殊颜色，所以常常被用来调整建筑物的整体或局部的颜色。

建材一览表

白色黏土块

白色黏土块是利用骨粉染色的硬化黏土块，虽然名称上写白色，不过实际上有点偏黄白的感觉，可用在墙壁或阳台上。

洋红黏土块

硬化黏土块搭配上洋红色染色即可产生洋红黏土块。此种建筑材料有着非常漂亮的洋红色，很适合用于柱子等建筑物。

浅蓝黏土块

浅蓝黏土块是硬化黏土块搭配上浅蓝色染料后制作而成，建材实际上的颜色比较接近暗蓝色，适用于许多建筑。

粉红黏土块

采用粉红色染色制作而成的粉红黏土块比起洋红黏土块更加光彩亮丽，也因此一样适用于柱子等建筑。

浅灰黏土块

运用浅灰色染料搭配硬化黏土块即可制作浅灰黏土块。此种建材颜色是漂亮的咖啡灰，很适合用在墙壁的建材上。

青色黏土块

青色黏土块是用青色染料制作而成的建材。实际上的颜色并不算青色，而是偏深灰色，适合用于柱子、地板或道路。

第1章 基础篇
第2章 坏境篇
第3章 工具篇
第4章 建材篇
第5章 营建篇
第6章 装潢篇
第7章 建筑篇

染色羊毛

　　染色羊毛是一种透过线与染料多重加工后的建材，在游戏之中算是一种低强度的建筑材料，与原木或木制建材一样都有会因为火焰而毁损的特点。染色羊毛在外观上并不如染色黏土那么平滑，而是带有一点细致的纹路，因此较常运用在室内的装潢布置上。

建材一览表

羊毛
　　原始未染色的羊毛材料，本身颜色相当白，同时纹路也蛮清晰，适合用于室内布置。

洋红色羊毛
　　使用洋红色染料与羊毛合成后即可取得洋红色羊毛。洋红色羊毛有着漂亮的色彩，可运用在步道或者家具上。

黄色羊毛
　　黄色羊毛是用蒲公英黄以及羊毛制作而成的，有着像神话故事里的金羊毛一样漂亮的色彩，可运用在摆设或者是步道上面。

浅蓝色羊毛
　　浅蓝色染料搭配上羊毛就可制作浅蓝色羊毛。此种材料相当接近水的颜色，很适合做假喷泉或者是假瀑布之类的材料。

浅绿色羊毛
　　浅绿色羊毛是用浅绿色染料与羊毛制作而成。此种羊毛材料比一般的草地更加鲜艳，很适合用在花园草地上。

浅灰色羊毛
　　浅灰色羊毛是一种色彩十分接近石头的羊毛材料，需用浅灰色染料与羊毛制成，可用于室内布置。

染色玻璃

　　染色玻璃是沙子加工后再搭配上染料制作而成的建材，除了最基本的无色玻璃之外，还有各种不同颜色的玻璃。染色玻璃建材基本上不直接用在墙、地板、柱子这些构造上，而是与其他建材搭配使用，比如在屋顶上打几个洞加装染色玻璃好让屋内变得更明亮，或者当透明的导水器使用。

建材一览表

白色玻璃

　　白色玻璃是一般玻璃与骨粉组合而成，与一般玻璃相比有明显的白色边框，更适合拿来当窗户用。

橘色玻璃

　　一般玻璃加入橘色染料后可得到橘色玻璃。此物件有透明橘色的感觉，在室内装潢上是不错的材料。

洋红色玻璃

　　洋红色玻璃是用洋红色染料与一般玻璃制成，其色彩有点偏紫色，可运用在天窗或小窗上。

浅蓝色玻璃

　　浅蓝色染料搭配一般玻璃后即可合成为浅蓝色玻璃，除了边框有淡蓝色线条外，镜片也有些蓝色，是室内布置不错的建材。

黄色玻璃

　　黄色玻璃是用蒲公英黄来染色而成，边框有明显黄色线条，适合用于金碧辉煌的场景。

灰色玻璃

　　灰色染料搭配上一般玻璃就能产生有点黑灰色的灰色玻璃，可用于布置书房或图书馆之类区域。

　　玩过MINECRAFT之后才知道什么叫好玩，用过网易考拉海购之后才知道什么叫划算

特殊材料

物品展示框

物品展示框可以挂在固体方块上面，可以将手上的物品放到展示框里，看起来就像一幅画，适合用来装饰室内。不过最有趣的是，如果在展示框中放的是地图的话，地图会完全覆盖展示框，看起来就像是地图直接贴在墙上。而且将地图并排的话，还会自动组成大地图呢！

栅栏

栅栏在Minecraft游戏里是一个相当简单又实用的装潢道具，可以运用的地方相当多，比如用来建设户外农田、牧场区域，或者是桥梁、阳台上的围栏。除此之外，栅栏还可以单一摆放变成一根木杆，并可以挂在天花板或放在地上以连接其他物品如灯、地毯等。

半砖

Minecraft游戏中许多一般的建材，不论是木制或石制都能加工成半砖，而半砖本身的用处相当多，在室内布置中可以利用半砖来制作家具。除此之外，半砖也可以用在户外的建筑加工，让墙壁高低起伏明显，看起来更有美感。

海灯笼

海灯笼是Minecraft游戏中一种可以发出光芒的建材，在游戏中的功能相当多，比如运用在室内搭配其他材料可以当桌灯或者是壁灯，而用在户外也可以发出一定的光亮，让建筑物即使在夜晚看起来也相当美观哦！

告示牌

告示牌是一个非常神奇又实用的物件，一般直接使用可插在地上或附挂在墙上，并加入文字作为说明。除此之外，告示牌还可以阻挡水流、岩浆的流动，如果想要制作好看的流水池或者是熔岩池，就可以用告示牌的特性来进行规划了！

各式树苗

在Minecraft游戏内，如果想让户外区域变得有自然气息的话，那么游戏内各种树苗就是最佳的选择，且树苗还可利用骨粉来加速生长形成树木。如果想将自家周围改造得有森林风格，就可以多利用树苗。

第1章 基础篇

第2章 环境篇

第3章 工具篇

第4章 建材篇

第5章 营建篇

第6章 装潢篇

第7章 建筑篇

各式花朵

Minecraft游戏内除了各式树苗可以用来增加自然气息外，也有许多颜色鲜艳漂亮的花朵可以种植。花朵的用处相当多，比如，可在阳台或门口增加花朵提高美观度，也可利用多种花朵来制作花田，让整个区域变得更美丽！

荧光石

荧光石在Minecraft游戏里面是一种可自然发出光线的物件，可以产生相当高级别的光芒，因此很适合用于户外或室内的布置，比如室内一般的吊灯或壁灯，或者是户外的灯柱都可以使用哦！

鹅卵石墙

鹅卵石墙是一种与栅栏用处十分相似的道具，与栅栏一样都可以当作户外的围墙或者是运用在阳台、桥梁上面。除此之外鹅卵石墙单独摆放时可产生一个较粗的石柱，用作很多建筑物的加工美化材料。

烽火台

烽火台是Minecraft游戏里相当难以得到的道具，而相对的，这个道具的用处也很大。除了可以强化玩家状态外，还可以用于户外或室内的装潢布置，产生直连天际的漂亮光柱，搭配上染色玻璃效果更好哦！

床

在Minecraft游戏中，如果想快速度过漫漫长夜的话，就需要有床这个非常重要的家具。游戏里床也是非常重要的装潢家具，不论是打造好看的居家卧室或者是驻守城堡的士兵营房都需要用到床。

楼梯

楼梯虽然在Minecraft里看起来是一个很不起眼的道具，但实际上，它除了用来当上下移动的道具之外，也是室内布置的好帮手。直接连在一起可以当作椅子来使用，反过来摆设则可以变成桌子，用处非常多哦！

游戏我玩 MINECRAFT，学习我用网易云课堂

第1章
基础篇

第2章
环境篇

第3章
工具篇

第4章
建材篇

第5章
营建篇

第6章
装潢篇

第7章
建筑篇

装饰用头颅

相信许多人都注意到，欧式建筑里常会有一些头形标本挂在壁炉上当装饰，而在Minecraft游戏里面也有数种可以挂在墙壁上的装饰用头颅。除了玩家样式之外，也有龙头可以摆设，可增加房间的美观度。此外，装饰用头颅还可以与其他物件结合，形成有趣的标本哦！

玻璃片

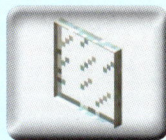

玻璃片在Minecraft游戏中一般是用来当窗户使用。实际上，不论是一般玻璃片还是染色玻璃片，其实都还可以用在很多地上。由于直接摆着像是垂直的玻璃棒，很适合当作吊灯的支柱哦！

花盆

在Minecraft游戏里面，花卉是很好的装饰道具，而花盆这个道具就是供花卉直接种植在上面的物件，让玩家可以在室内或阳台、楼顶这些没有泥土的地方也能够摆满各式好看的花哦！

盔甲架

在Minecraft游戏里面有许多不同的护甲防具，如平凡的皮制护甲、铁制护甲或价值高昂的金制护甲、钻石护甲，而盔甲架是一个用来陈列护甲的物件，除了可以保管护甲，也能当作装饰配件使用哦！

绘画

绘画是一个非常实用的装潢布置物件，在游戏中可以挂在墙上以美化房间。Minecraft游戏内的绘画种类相当多，从1×1的小型绘画到4×4的大型绘画都有，不论是摆放在客厅或者是走廊上都很合适，可以产生绝佳的气氛感。

红石灯

红石灯是游戏中少数外形非常漂亮的光源产生器。除了可以产生大量光源，红石灯还有可以开关的效果，搭配上按钮、红石火把或者控制杆，可形成漂亮的室内壁灯、台灯或者吊灯哦！

储物箱

储物箱是Minecraft游戏之中唯一可以收藏大量道具的容纳空间，在游戏中可说相当重要。在装潢布置上也可当作各个房间的收纳柜，如摆设在厨房当作食材保存库，摆设在卧室当作衣柜或置物柜，实用性很强哦！

染色旗帜

染色旗帜是一个非常实用的装饰物件，本身除了会依材料不同而出现各种不同色彩的旗帜以外，还能依材料摆放方式产生不同的花纹。想要让自己的建筑物有着像皇室一般漂亮的外观的话，可加上数种不同的染色旗帜，看起来会非常的华丽哦！

染色地毯

在Minecraft游戏里面可以用染色羊毛加工染色地毯。染色地毯的用途相当的广，除了最基本的铺设在地上当地毯来装饰地面之外，也可以直接铺设在其他物件上，比如铺在栅栏上变成漂亮的桌子，也可以打造漂亮的床哦！

门

门是Minecraft建筑物中不可或缺的物件。Minecraft游戏中的门又分为木门与铁门，木门又有各种不同的色彩以及外观。如果想打造一个典雅的木造建筑，选对门非常重要；而铁门用于石造建筑如城堡、要塞之类，看起来更有气氛。

书柜

书柜虽然是一个很单纯的物件，但是在Minecraft游戏之中可是非常重要。书柜本身可以用来解锁游戏中的一些高级附魔属性，同时在室内布置时适当地加入书柜可以让房子更有居家生活感，可用来装饰书房、图书馆或者是研究室。

熔炉

相信体验过Minecraft游戏世界的人都知道熔炉在游戏中的重要性。熔炉具有熔矿、照明、烹饪等多种用途，因此在Minecraft游戏中如果想打造一个漂亮的厨房或者是工房，那就一定要摆放数个熔炉使房间看起来更加有气氛才行哦！

第4章

建材篇

锅釜

锅釜是Minecraft游戏中酿造所用的器材，可以用来当作水槽使用，如果想在家里摆放水源又不想破坏地形，就可以使用锅釜存水。另外锅釜也可以当迷你的四脚桌，只要在锅釜上放上一个薄的地毯，看起来就像是一个四脚的铁桌了哦！

栅栏门

栅栏门是一种可开关的木制小门，由于占用的区域比一般的门要小，所以可以用在很多地方。如建设户外区域的农田、公园时可以利用栅栏门作为简单的出入口，而且栅栏门本身有多种颜色可以选择，可作为不同风格的外观装潢。

蜘蛛网

蜘蛛网在Minecraft游戏中可以透过有特殊附魔的道具来进行回收。回收后的蜘蛛网可以用来布置室内，比如想要打造一个有阴暗感的房间时就可以摆放蜘蛛网在角落区域。除此之外，蜘蛛网由于有实体物件减速的效果，因此也可以当作从高处往低处移动的缓冲垫使用。

火把

火把是Minecraft游戏里面入手难度最低的光源产生物件。在建造房屋时，如果想让室内有光源，使用火把是最方便的办法。火把也可以防止怪物产生，促进植物生长，相当实用！

水桶

水桶是一个用途非常广泛的工具。由于水桶可以制造出水源，在Minecraft游戏中，可以用来制作灌溉用的水道。除此之外，水桶也常运用于布置装潢，比如浴室、水井、池塘、瀑布，都可以使用水桶做出来，只是在布置时要注意不要让水溢出来哦！

岩浆桶

岩浆桶是装满岩浆的铁桶，在Minecraft游戏中是用来产生岩浆池的好工具。使用在布置上可当作城堡的防御工事以及护城河，也可以通过石头摆放流出熔岩让建筑物带有强烈的神秘感，就如同《印第安纳琼斯》或《神鬼传奇》中的场景一般。

第1章 基础篇

第2章 环境篇

第3章 工具篇

第4章 建材篇

第5章 营建篇

第6章 装潢篇

第7章 建筑篇

干草捆

一般来说，干草捆在Minecraft游戏中的主要用途是作为饲料以饲养马匹，不过除了当作饲料以外，它也是一个不错的布置道具。可以通过交错直立或横摆营造出西部片中牧场的感觉。另外，干草捆也是打造篝火晚会营地的必备材料之一！

地板门

在Minecraft游戏之中，设置木制地板门以及铁制地板门一般都是用来当作上下楼梯移动时的安全防护措施，避免人物直接从高处摔下去的情形发生。地板门除了以上的用途外，还可以当作烟囱的盖子或者是水沟盖，用处其实相当多哦！

铁砧

铁砧在Minecraft游戏中主要是用来修复武器、装备或命名武器、装备。铁砧除了用来修理武器装备以外，还是很不错的布置材料。数个铁砧连接起来，看上去就像是黑色的大理石围栏，很适合用于布置阳台或者是大型的桥哦！

工作台

工作台是Minecraft游戏中数一数二重要的物件，许多物品的制作都需要靠工作台来合成才行。除此之外，工作台本身也是一个很合适的布置材料。由于工作台本身的纹路与桌子相当类似，因此只要数个工作台连接在一起就能变成一个简单的大桌子哦！

地狱石

地狱石在Minecraft游戏中是一种非常实用的建筑材料。虽然地狱石外观不怎么好看，而且只有下界才可以挖掘到这个建材，不过地狱石可以让上方的火焰永远燃烧，因此如果想做壁炉、篝火等装饰就需要用地狱石来让火焰永不熄灭！

荷叶

在Minecraft里，流动的水或池塘是非常常见的布置，不过只有水流的话通常都太过单调。游戏里水上一般是不能放物件的，荷叶是唯一的例外。荷叶可以用来放置在水块上并使该水块变成可站立状态。如果喜欢运用水来装潢布置的话，记得多利用荷叶来增加优雅的气氛。

第4章 建材篇

第 **5** 章

営建篇

盖一栋建筑的基本流程图

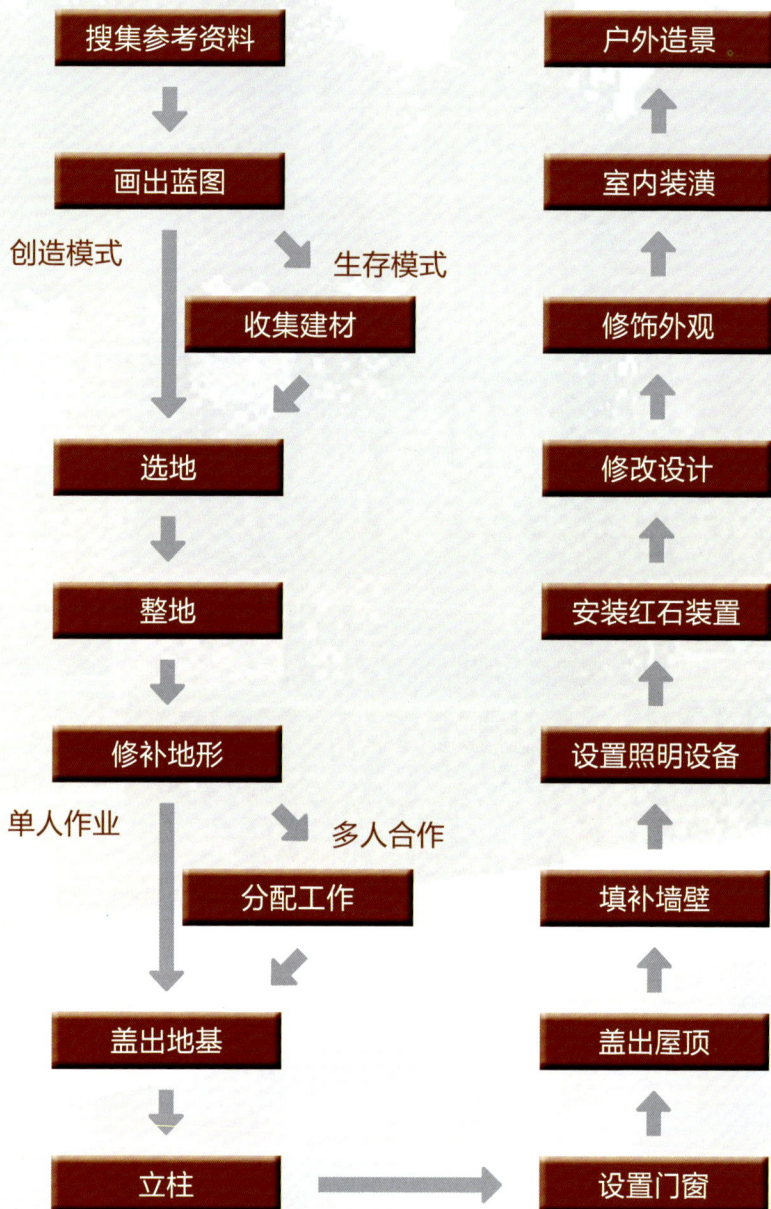

搜集参考资料 → 画出蓝图

创造模式 | 生存模式

收集建材

选地 → 整地 → 修补地形

单人作业 | 多人合作

分配工作

盖出地基 → 立柱 → 设置门窗

户外造景 ← 室内装潢 ← 修饰外观 ← 修改设计 ← 安装红石装置 ← 设置照明设备 ← 填补墙壁 ← 盖出屋顶

玩过 MINECRAFT 之后才知道什么叫好玩，用过网易考拉海购之后才知道什么叫划算

举例说明流程图

第1章 基础篇

第2章 环境篇

第3章 工具篇

第4章 建材篇

第5章 营建篇

第6章 装潢篇

第7章 建筑篇

STEP 1

搜集参考资料

建筑有许多种风格。当然，一个人不可能精通所有建筑，特别是初学者，要盖出一栋建筑，第一步最好就是搜集该种建筑风格的参考资料，了解该建筑有什么样的特色之后，再用Minecraft中现有的方块，将它表现出来。

▲我们要盖的是台湾常见的闽南式建筑，首先要搜集该建筑特色的资料，网络上搜索是最快的方法。

STEP 2

画出蓝图

先在脑海中想象一下盖好之后的样子，然后画出建筑的蓝图。画蓝图并没有特定的方式，笔者较偏好使用"画图"，读者也可以使用其他绘图软件，或是直接画在纸上，不过要注意蓝图上要有长、宽（格数）哦！

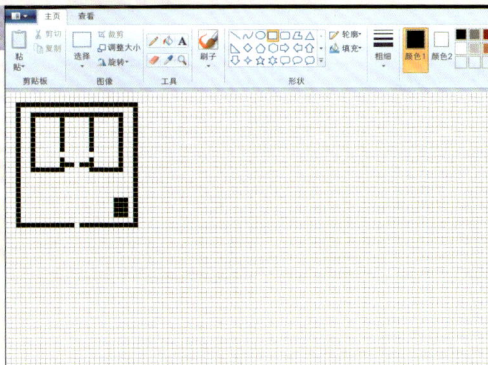

▲接着在"画图"上面画出建筑的蓝图。

考虑功能性

在画蓝图的时候，最好考虑一下房子的功能性。虽然在游戏中的房子并不需要什么功能，但正因如此，盖出来的房子多半很单调。最好设想一下现实生活中的房子需要什么功能，将这些功能设计到房子里，看起来就不会那么单调了。

▲多想象一下房子应有的功能，设计出来的房子才会逼真。

STEP 3

收集建材

房子设计好之后，就要收集建材了。虽然在创造模式中的材料是无限的，不过也有玩家喜欢在生存模式中盖房子。要在生存模式中盖房子，当然就要有足够的材料，最好先粗估一下需要的数量，这样才不会盖到一半没材料了哦！

▲确定好怎么盖之后，接下来要估计一下数量，收集到足够的材料。

STEP 4

选地

接着就是选一块适合自己建筑的地了，当然最重要的条件就是面积够大，而且地势要平坦，这样整理起来比较省力。而且建筑用地可以随自己意愿选择的话，谁会不想让住家有好一点的风景呢？

▲接下来要选一块地当作建筑用地。

STEP 5

整地

选好地块之后，接下来的工作就是整地了。可以直接将地挖平，或是加盖一层地面。如果遇到杂草特别多的草地，则可以利用水流，快速除草哦！

▲在选好的位置上，整理出一块平坦的地方。

游戏我玩 MINECRAFT，学习我用网易云课堂

STEP 6

修补地形

在游戏中难免会出现洞窟等预期外的坑洞或地形，这时就要用人工将其补平。有时候为了住家的景观，也可以人工搭建一座小山或小河出来，因为Minecraft的玩法是相当自由的哦！

▲ 将地形有缺陷的部分修补好。

STEP 7

分配工作

如果建筑规模较大，需要数人以上才能够完成的话，队长最好依照每个参与成员擅长的项目分工合作。全部的人挤在一起，只会互相妨碍。如果可以，最好先沟通怎么盖，事后才不会有纠纷哦！

▲ 依照每个人擅长的项目，分配不同的建筑部位。

STEP 8

打好地基

接下来就是打好地基了。说是地基有点夸张，因为游戏中并不用考虑到地震、风灾等因素，所以这里先用材料将基本墙面砌出来，这样才不会到最后才发现与蓝图不同，需要全部打掉重盖。

▲ 先把地基打好，确定建筑的大小。

第1章 基础篇

第2章 环境篇

第3章 工具篇

第4章 建材篇

第5章 营建篇

第6章 装潢篇

第7章 建筑篇

STEP 9

立柱

接着先把柱子砌出来，有门的部分，先将门框砌好，这样就可以看出房子的雏形了。这里要特别注意的是柱子的高度，不能太高也不能太低，要刚好适合房子的比例，以免盖出来的房子畸形。

▲ 把柱子先砌出来，这里要先确定建筑物的高度。

游戏中的比例

在盖房子的时候，不是把天花板盖得越高越好，而是要注重整体的比例，以免盖出来的房子变成四不像。在游戏中每个方块的设定是1米，盖房子可以以这个比例作为基准，如果要放大比例的话，记得长与宽都要一起放大哦！

▲ 游戏中的大叔Steve，设定身高有185cm，所以比2格方块略矮一些。

STEP 10

设置门窗

接下来把房子中的门窗先砌出来。虽然有些玩家会习惯先砌好墙壁，再打掉门窗的部分，不过在游戏中有光线的设定，太早把墙壁砌出来，会让作业的环境变暗，进而影响到施工的进度哦！

▲ 接着把门窗的部分砌好。

STEP 11

盖出屋顶

接下来就是把屋顶盖出来了。因为本例中采用的是闽南式的建筑，所以屋顶使用相思木楼梯来搭盖。除了现代式建筑之外，屋顶多半会使用楼梯来盖，在搭盖的时候，楼梯不管是横向或是纵向，都有各自的风格哦！

▲ 再来把红瓦屋顶盖出来。

STEP 12

填补墙壁

接下来就是把墙壁给补满了。不过前面提到过，在Minecraft的游戏中有亮度的设定，就算外面是大晴天，只要一把墙壁砌起来，室内马上就会变暗，所以记得准备一些火把照亮，让施工能够顺利进行。

▲ 接下来把空着的墙壁给砌出来。

STEP 13

设置照明设备

墙壁砌完之后，接着就是设置照明的设备了。最基本的方法就是插火把，不过也可以趁这个时候，把红石灯等全部都设置进去。如果没有特定要求，也可以试着加几扇窗，改善一下光照环境。

▲ 在室内设置照明设备，让室内不再昏暗。

第1章 基础篇

第2章 环境篇

第3章 工具篇

第4章 建材篇

第5章 营建篇

第6章 装潢篇

第7章 建筑篇

STEP 14

安装红石装置

再有就是安装红石装置了。虽然有些玩家并不喜欢在房子里加装红石装置，因为格局的设计或室内空间会因此而受限，不过如果情况允许，不妨试着在房子里加点红石装置，可以让你的房子更加便利哦！

▲其实压力板与门，就是一组简单的红石装置哦！

STEP 15

修改设计

有些红石机关需要占用大量的空间，而且为了将机关部分藏起来，可能会用更多空间设置方块来隐藏，所以会在房子里增建或减建。盖到一半再修改设计都是相当正常的事，只不过注意别影响到建筑的外观哦！

▲施工时常常会遇到修改设计的情形。

STEP 16

修饰外观

接下来有些部分在外观上需要特别修饰，例如图中的屋顶翘起的部分，在建筑学中称为燕尾脊，在许多古代建筑中都可以看到。在这次范例盖的"闽南式建筑"中可以常常看到呢！

▲让建筑的主要特色重现，也是相当重要的哦！

第1章 基础篇

第2章 环境篇

第3章 工具篇

第4章 建材篇

第5章 营建篇

第6章 装潢篇

第7章 建筑篇

STEP 17

室内装潢

到这一步，建筑的大部分已经完成，接下来就是装饰室内了。为了让建筑更逼真，在摆设部分尽量贴近真实，例如图中为了配合闽南式建筑风格，就在室内设置了常见的传统家具。

▲记得将室内装饰一下哦！

绿化环境

在装饰室内的时候，别忘了加点植物点缀一下哦！

在现实生活中，也有许多人会在家里摆放盆栽。在Minecraft里，也可以找到许多植物进行设置。只要花点心思，就可以绿化自己的房子哦！

▲只要在泥土旁稍微加个地板门，就可以当成角落的盆栽了。

STEP 18

户外造景

建筑完成之后，还可以在四周加一点造景，例如将四棵丛林木种在一起，就可以长出巨大丛林树。范例中的闽南式建筑很少在院子里种树，但是盖其他风格的建筑时，可以试着在院子里种点花或树绿化一下哦！

▲最后再加一点户外造景就完成喽！

注意事项

注意建筑的比例

在盖房子的过程中，有几点需要特别注意。第一个就是要注意建筑的比例。如果要放大建筑比例，最好整个建筑一起放大，不要房子盖得特别高，但是围墙还很矮，看起来就显得相当奇怪。

▲ 盖房子时要注意建筑整体的比例。

增加建筑的重点

有部分新手在网络上看了大规模建筑之后，心血来潮，也想盖出巨大的建筑，不过总是画虎不成反类犬，其中一个原因就是规模大并不代表房子一定要大，有时候只要单纯多盖几栋房子，就比一间大房子要美观得多。

▲ 相同风格的房子聚集在一起，也会显得相当壮观。

应用几何图形

有时候想在建筑上多加一点花哨的装饰，其实并不用太伤脑筋，只要运用现有的方块，规律地排列，就可以看到漂亮的成果了。例如图中用红砖楼梯来代替红砖，是不是让围墙变得美观多了呢？

▲ 用现有的方块做点变化，也能让围墙变得不一样哦！

玩过 MINECRAFT 之后才知道什么叫好玩，用过网易考拉海购之后才知道什么叫划算

装潢篇

室内物件
室内桌椅组

在Minecraft的世界中，虽然几乎所有的东西都长得方方正正的，想要制作比较精细的室内摆设好像比较困难一点，不过，我们其实可以利用几个栅栏、地毯以及楼梯来制作简单的桌椅组哦！

材料数量

橡木栅栏×7　　　　橡木楼梯×9　　　　红色地毯×8

STEP 1

首先在地上设置4个栅栏，不想让桌子太大的话，可以只放一个栅栏。

STEP 2

接着在栅栏上面放上地毯，地毯可以选自己喜欢的颜色，这样桌子就完成了。

STEP 3

最后在桌子旁设置朝内的楼梯，这样桌椅组就完成了。设置椅子时，跳上桌子放会比较顺手哦！

简易桌椅组

小桌子搭配两个椅子也很漂亮哦！

第1章 基础篇

第2章 环境篇

第3章 工具篇

第4章 建材篇

第5章 营建篇

第6章 装潢篇

第7章 建筑篇

室内物件
大沙发

　　一般制作的椅子都是比较省空间的阳春版本，但是如果室内的空间足够，也可以尝试做出比较花哨的大型沙发。从单人座到多人座都可以制作，多人座基本上就是把座位往旁边拉长。

材料数量

石英半砖×2	石英砖×2	石英楼梯×4	红色地毯×6

STEP 1

先放置4个石英砖在地上，且用倒放的石英楼梯做出扶手。

STEP 2

用石英半砖取代原本前方两个石英砖当成座位。

STEP 3

在椅背部分放置两个倒放的石英楼梯，倒放需要有东西依靠，所以两侧可以先放完整石英砖，等楼梯放好再打掉。

STEP 4

最后在扶手与椅背上放置地毯当装饰，沙发完成了。由于座位区是半砖，地毯放上去会悬空，只能舍弃不放。

第1章 基础篇

第2章 环境篇

第3章 工具篇

第4章 建材篇

第5章 营建篇

第6章 装潢篇

第7章 建筑篇

室内物件
有抱枕的沙发组

　　除了一般的椅子以外，只要加点巧思就可以拥有大型的沙发组。如果想进阶，利用旗帜这个小道具就可以有类似抱枕的效果。

橡木半砖×2	橡木楼梯×4	告示牌×1	荧光石×1	白色旗帜×1

第1章 基础篇

第2章 环境篇

第3章 工具篇

第4章 建材篇

第5章 营建篇

第6章 装潢篇

第7章 建筑篇

STEP 1

椅子部分，使用橡木楼梯排成L形，并且放上橡木半砖。

STEP 2

使用空白告示牌当扶手。由于告示牌颜色固定，所以椅子的材质要尽可能搭配，看起来才不会奇怪。

STEP 3

之后挖掉座位底下一格，并且插上白色旗帜。由于旗帜实体只有一格，上方一格会穿出座位。而旗帜会有方向性，人物在哪边就会面朝哪边。

STEP 4

直接堵上方块会发现旗帜变暗，只要在旗帜旁边放置荧光石照亮即可。最后再把地板填补起来。

室内物件
长桌椅组

在Minecraft的世界中，几乎所有的东西都长得方方正正的，想要制作比较精细的室内摆设好像比较困难，不过我们可以利用几个栅栏、地毯以及楼梯来制作简单的桌椅组哦！

材料数量

丛林木半砖×2	丛林木门×2	地板门×4	相思木材×2
相思木楼梯×10	花盆×1	红色郁金香×1	终界灯×1

玩过MINECRAFT之后才知道什么叫好玩，用过网易考拉海购之后才知道什么叫划算

STEP 1

椅子部分，先用一个木头材质的半砖当座位，后面再放一扇颜色或材质可以搭配的门当座椅背。

STEP 2

两侧的扶手则可用开启状态的木板门替代，设置的时候要注意一下方向。

STEP 3

长桌用两个完整方块当作中心，之后在旁边围上一圈倒放的楼梯。楼梯在材质选择上可以跟椅子做点搭配。

STEP 4

在长桌另一侧做出一样的椅子就算完成。桌子上可以摆花盆或是铺上地毯，也可以使用1.9版新增的终界灯充当蜡烛之类的照明物。

第1章 基础篇

第2章 环境篇

第3章 工具篇

第4章 建材篇

第5章 营建篇

第6章 装潢篇

第7章 建筑篇

室内物件
室内灯光组

室内照明通常倾向于使用荧光石，除了可以粘在天花板之外，也可以做成吊灯的样子。但是室内高度低的时候，一个完整的荧光石方块会显得有点突兀，因此这里提出一些改良的方法。

材料数量

石英半砖×26	石英砖×144	荧光石×2	终界灯×2

STEP 1

先用建材做出一个基本的空间，这里使用石英砖当建材。

STEP 2

在喜欢的位置放上荧光石。

STEP 3

使用半砖把附近填起来，虽然会降低天花板高度，但是荧光石就不会那么压迫整个空间。

STEP 4

在天花板上填半砖，在喜欢的地方保留两格位置，放上终界灯，并使其相连，这样看起来就会比较接近现代的日光灯。如果想要做成吊灯，则可以不加半砖，直接从天花板上垂落即可。

第1章 基础篇

第2章 环境篇

第3章 工具篇

第4章 建材篇

第5章 营建篇

第6章 装潢篇

第7章 建筑篇

室内物件
热水浴池

　　游戏中的水只有一种效果，如果要做装潢，单纯的冷水效果总是少了点什么。当然也不建议用岩浆去做装饰，不然一不小心会把自己给弄死。不过，只要花一点心思就可以让水有冒烟的效果。

材料数量			
石英砖×4	石英楼梯×12	地狱石×4	打火石×1

STEP 1

先向下挖出2×2见方、深3格的范围。

STEP 2

放上地狱石并点火。需要注意的是，显示设定的粒子密度不可为最少，不然就不会冒烟。

STEP 3

用石英砖把地下一格处填起来，再用石英楼梯在旁边围上一圈。

STEP 4

最后倒入水就完成喽。

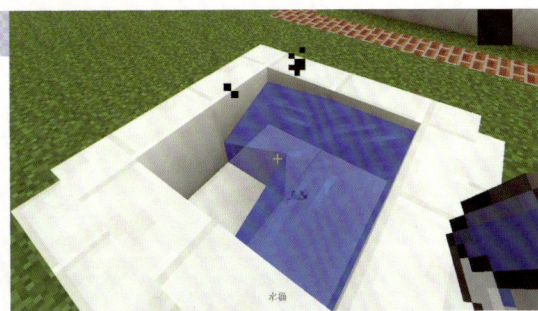

第1章 基础篇

第2章 环境篇

第3章 工具篇

第4章 建材篇

第5章 营建篇

第6章 装潢篇

第7章 建筑篇

室内物件

壁炉

壁炉在很多建筑中都会使用到，虽然样式或材质各有不同，但是基本造型大概相当，这里就简单做出其中一种壁炉供玩家参考。

材料数量					
石英砖×90	红砖×8	红砖楼梯×4	地狱石×2	打火石×1	铁栅栏×4

MINECRAFT是最好玩的游戏，网易新闻客户端有最时鲜的新闻

STEP 1

先用建材做出一个基本的空间，这里使用石英砖当建材。要注意的是，此范例中会用到火，所以建筑物材质不能是木制，以免好不容易盖好的房子被烧光。

STEP 2

用红砖盖出一个中间保留两格的∏字形，并且围上铁栅栏。

STEP 3

把∏字形上方改成红砖阶梯，并且在后面盖出烟囱。

STEP 4

被围住的地板两格区换成地狱石，并且用打火石在上面打火就完成喽。

第1章 基础篇

第2章 环境篇

第3章 工具篇

第4章 建材篇

第5章 营建篇

第6章 装潢篇

第7章 建筑篇

自动化物件
自动门

想要制作像店家那种比较精细的、能自动开启的玻璃门，用红石线路就可办到哦！

材料数量					
黏性活塞×6	玻璃×6	石英砖×4	红石火把×2	红石粉×30	压力板×4

STEP 1

首先，在墙上挖出10×3的空洞，用来设置自动门。

STEP 2

接着，在第三格设置黏性活塞，记得活塞要朝向正中央。

玩过MINECRAFT之后才知道什么叫好玩，用过网易考拉海购之后才知道什么叫划算

STEP 3

依照图中所示，设置红石线路的平台，让三个活塞都可以接收到红石讯号。

STEP 4

接着，依照图中的红石线路设置。

STEP 5

自动门的另一边也别忘了。重复之前的步骤，在右侧也设置一样的装置。

STEP 6

接下来，要下挖两格的深度，让隐藏的红石线路通过。因为有转向的问题，所以要像图中所示，距离红石火把一格，让路线有空间可以转弯。

第1章 基础篇

第2章 环境篇

第3章 工具篇

第4章 建材篇

第5章 营建篇

第6章 装潢篇

第7章 建筑篇

STEP 7

然后，把平台下方挖空，插上红石火把（红圈处），这一侧的三个活塞就可以接收到红石讯号而动作。

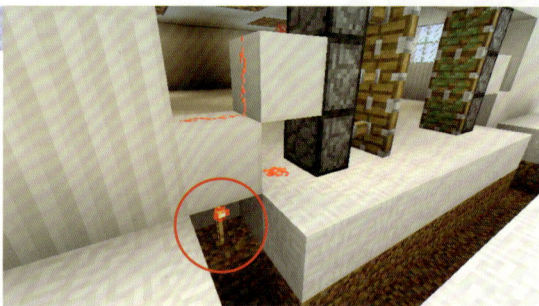

红石火把的熄灭

插有红石火把的方块在接收到红石讯号后，其上的红石火把就会熄灭。自动门就是利用这个原理来控制活塞的哦！

STEP 8

接下来，在挖好的通道中设置红石线路。

STEP 9

通道的中央部分，记得要往内挖一格，并且设置红石线路连结压力板。

STEP 10

接着，就可以把通道全部覆盖铺平了。

STEP 11

然后，在刚刚往内挖的位置上方设置压力板，这样自动门的机关就完成了。

STEP 12

为了让自动门进出都能自动，所以在内侧同样也要设置一条隐藏的红石线路。

STEP 13

最后，把门的前后各盖一道墙，把红石机关隐藏起来，就全部完工喽！

第1章 基础篇

第2章 环境篇

第3章 工具篇

第4章 建材篇

第5章 营建篇

第6章 装潢篇

第7章 建筑篇

自动化物件
水电梯

一般是用红石线路来做电梯，不过这里是用水的特性来做，会比较简单喔！

材料数量

石英砖×240	告示牌×72	水方块×42	相思木门×12	压力板×24

STEP 1

先在建筑物中将各楼层的地板挖穿一个两格大小的空间。

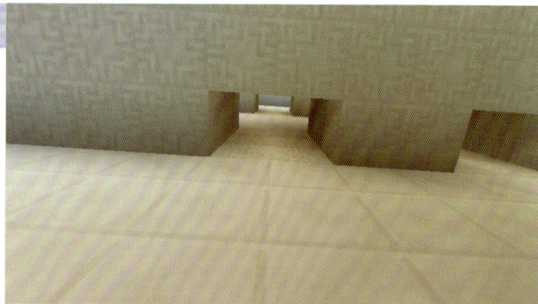

STEP 2

接下来，在洞的旁边各盖一道两格宽的墙，做成电梯井的空间。

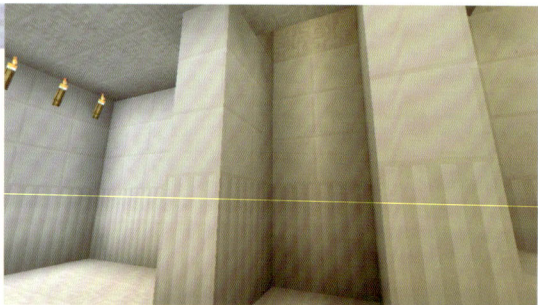

STEP 3

在墙上，以交错排列的方式设置告示牌。

STEP 4

告示牌设置好之后，就可以在其中的空间放水方块了。

为什么水不会流出来

由于告示牌在游戏中算是一个方块，所以可以防止水方块漏出来。

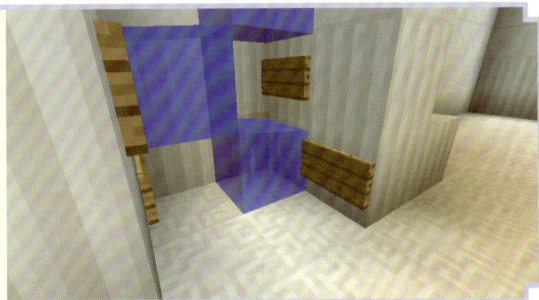

STEP 5

接下来就是重复设置告示牌与水方块一直到顶楼。

第1章 基础篇

第2章 环境篇

第3章 工具篇

第4章 建材篇

第5章 营建篇

第6章 装潢篇

第7章 建筑篇

STEP 6

如果建筑空间够的话，可以设置两组水电梯，用其中一组专门上楼，另一组则是下楼。

上下水电梯的方法

水电梯的上下方法相当简单，上楼只要按空格键，而下楼则不用按按键，人物会自己缓慢下降。

第6章

装潢篇

STEP 7

接下来，可以继续在外面加盖来美化水电梯。

STEP 8

门口可以设置缝隙较大的相思木门。

STEP 9

接着，在门的前后都设置压力板，这样就可以方便出入了。

STEP 10

把两侧的电梯都加上同样的装饰。

STEP 11

在电梯的外侧可以加上物品展示框以及铁镐来标示电梯往上或往下。

STEP 12

最后，别忘了在电梯内加上火把加强亮度。为了避免弄错楼层，可以加上不同颜色的装饰。

第1章 基础篇

第2章 环境篇

第3章 工具篇

第4章 建材篇

第5章 营建篇

第6章 装潢篇

第7章 建筑篇

装潢要领
室内西洋风

想要装潢成西洋风格的房间，可以运用几个简单要领，如摆放壁炉、加装旗帜等等，就能轻松布置出有着欧美风格的室内装潢哦！

壁炉

谈到西洋风格的房屋，绝对少不了壁炉，只要利用红砖与地狱石、铁栅栏，就能轻松做出哦！

盔甲架

想要让室内有西洋风格，那么盔甲架就是一个很不错的选择。

旗帜

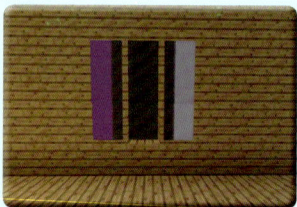

西洋风建筑里，可看到屋内有漂亮的旗帜装饰。旗帜同时也可以表现自己的家族身世，所以一定要装几个哦！

头颅

头颅装饰品本身就是很西洋风的物件，如果能在家里摆一个龙头的话可表现出自己的勇武。

玩过MINECRAFT之后才知道什么叫好玩，用过网易考拉海购之后才知道什么叫划算

装潢要领
室内和风

　　日本和风的室内装潢最重要的就是掌握住强烈对比的特色，以及关键物件的使用。例如通过黑与白的反差，以及木制物件等，组出简约风格的大厅，就是成功的和风装潢。

墙、柱子、地板

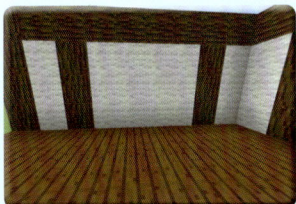

　　柱子与地板采用黑橡木，而墙壁则以白色羊毛来代替。

和式窗户

　　利用黑橡木或其他栅栏可以做出格状的窗户，更有和式建筑的风格。

和式拉门

　　只要利用桦木门的特性，把门反过来装，看起来就有和式拉门的感觉了！

茶炉

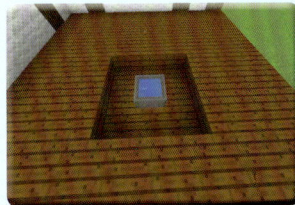

　　和式建筑中央区域挖空并补上半砖、锅釜及盖子后，就形成了茶炉。

装潢要领
室内土耳其风

想要打造出土耳其风格那种金碧辉煌的室内装潢其实并不难，将许多会发光的物件以不同的方式排列，就可以让室内充满土耳其装潢特有的奢华风格哦！

第6章

装潢篇

地板装饰

土耳其风格的地板布置采用镶嵌回纹的方式，用羊毛组合而成。

墙壁装饰

运用浮雕石砖、砂岩以及石英来打造出多种石头的复杂图案墙壁。

天花板装饰

利用石英砖以及几何图形的排序，再搭配上玻璃片，就能打造出优雅的天花板。

豪华吊灯

利用染色玻璃再搭配上荧光石，就能打造出好看的豪华吊灯哦！

游戏我玩MINECRAFT，学习我用网易云课堂

第1章 基础篇

第2章 环境篇

第3章 工具篇

第4章 建材篇

第5章 营建篇

第6章 装潢篇

第7章 建筑篇

装潢要领
室外布置技巧统整

为使建筑的特色突显，除了室内装潢之外，建筑物的周围环境也是布置的重点哦！本节将整理各种实用的室外布置技巧，让建筑物变得更美观！

有层次的外围

利用半砖的堆叠可以使建筑物最外围看起来有高低起伏的层次感。

有效运用栅栏

觉得建筑外围空荡荡的话，也可以设置栅栏，看起来会更加好看。

好看的窗户1

有效利用染色玻璃片，再加上2×2~4×4空间就可做出好看的窗户。

好看的窗户2

如果不喜欢玻璃片的话，也可以用栅栏做出通气窗的感觉。

打造简单屋檐

利用楼梯反置的方法可以做出简单又好看的屋檐效果哦！

屋檐追加装饰品1

屋檐可以用栅栏及地板门来装饰。

屋檐追加装饰品2

利用石墙和荧光石打造出户外吊灯。

门口布置

出入口可以通过摆放盆栽以及火把等光源，使其看起来更加好看。

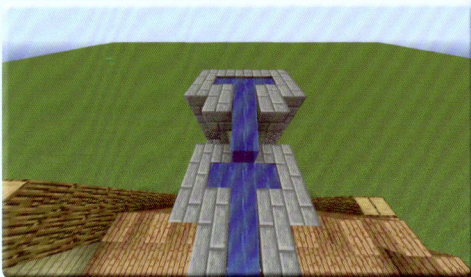

流水瀑布

通过建造水塔并导引水流进来,可产生好看的流水瀑布。

天窗走廊

利用整块玻璃可以在建筑物顶层打造出导入光线的天窗,还能当走廊使用。

户外庭园

利用栅栏围住建筑物,可打造出户外庭园的区域。

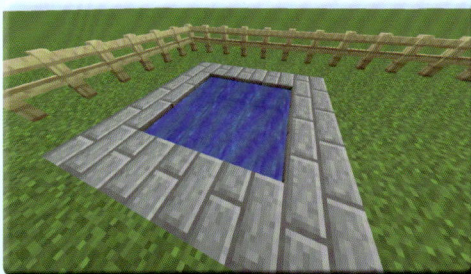

庭园水井基座

利用石砖和鹅卵石围成方块,再倒入水,可形成好看的庭园水井基座。

第1章 基础篇

第2章 环境篇

第3章 工具篇

第4章 建材篇

第5章 营建篇

第6章 装潢篇

第7章 建筑篇

庭园水井加盖

利用栅栏、石砖及石砖半砖,就可以打造出有盖子的水井哦!

庭园水井追加品1

庭园水井旁可以摆一些干草捆,更有户外田园风格。

庭园水井追加品2

庭园水井上方可追加几根火把,增加光源。

庭园水井追加品3

摆设数个装满水的锅釜,看起来更有农场气氛。

建筑篇

简单的3D几何图形
球 形

　　球形这一部分可以说是盖立体物件的入门功课，主要是让玩家充分了解立体和平面的概念。在Minecraft的世界中，虽然所有东西都是由方块组成，但只要盖出一层又一层的圆形，还是可以盖出接近球形的建筑。而且就算是现实世界的球形，也可以看成是无限个方形的堆叠。只要有了立体与平面的概念，就可以盖出其他不同形状的建筑喽！

材料数量

金砖×510

玩过 MINECRAFT 之后才知道什么叫好玩，用过网易考拉海购之后才知道什么叫划算

STEP 1

首先使用"画图"画出一个直径15像素的圆形。每个像素都会是游戏中的一个方块哦！

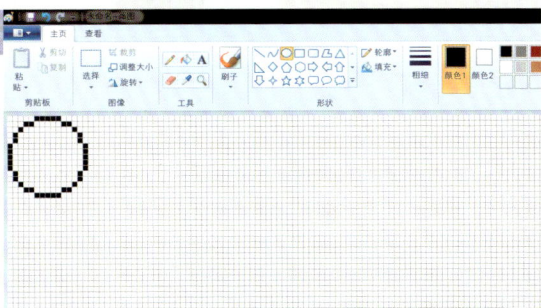

STEP 2

依照"画图"所画出的圆形在游戏中盖出一个圆形。

STEP 3

接着，先从球形最底端的圆开始盖，由于第一个圆的第一层有5格，所以继续用"画图"画出一个直径5像素的圆形。

STEP 4

画好之后就在圆形的底端，依照画好的圆形往横向盖出去。这里记得要把中间填满哦！

STEP 5

接下来在"画图"上，依照第二层画出直径为9像素的圆形。

STEP 6

在游戏中依照画好的圆形盖出第二层。

STEP 7

接下来依照各层的宽度，各画出一个圆来作为蓝图，并且在游戏中盖出来。不过盖出来后会发现，其中有许多空隙。

为什么会有空隙？

其实第二层的圆有两格的宽度，而我们在盖的时候只盖了一格，所以会出现空隙。不仅如此，由于各层都不是正圆，所以各层之间难免会出现空隙。

STEP 8

接下来要将空隙补满。在修补时，直接在球体内侧补上去即可。

STEP 9

最后，再把球形的各层都盖出来，并且把最顶端的圆形也盖好。

STEP 10

最后一道手续是修整四面的圆形。因为球形一开始是以垂直的圆形作为基础，所以会照顾不到垂直的圆形，这时要依照蓝图修饰垂直各层的形状。

STEP 11

修好之后就会比较接近球形喽！

第1章 基础篇

第2章 环境篇

第3章 工具篇

第4章 建材篇

第5章 营建篇

第6章 装演篇

第7章 建筑篇

简单的3D几何图形
椭圆球

　　椭圆球可以说是球形的进阶版本。球形建筑不管横切还是正切都是圆形，而椭圆球直切是椭圆形，横切却是圆形。所以学习如何盖出椭圆球，也可以增强玩家立体和平面的概念，而且在后面的修饰阶段，要修饰的是椭圆形面而非球形，更可以训练空间感。所以虽然难度比较高，但是想盖出立体建筑的话，这个却是不可或缺的一门课哦！

材料数量

金砖 × 300

第1章 基础篇

第2章 环境篇

第3章 工具篇

第4章 建材篇

第5章 营建篇

第6章 装潢篇

STEP 1

首先在"画图"上画出椭圆形。这里采用的是20×10大小的椭圆形。

STEP 2

依照"画图"所画出的蓝图,在游戏中盖出椭圆形。

椭圆形的顶端

由于这次椭圆形的顶端刚好是两格宽,所以不用画蓝图,可以直接盖上2×2的方块。

STEP 3

依照椭圆形上第二层的宽度,在"画图"上画出直径为4像素的圆形。

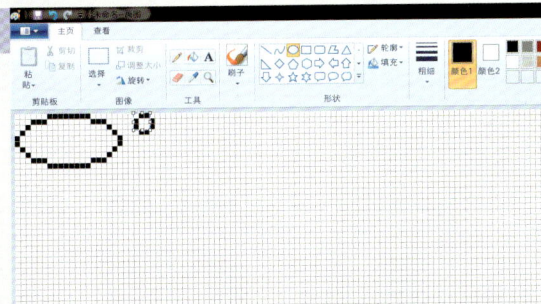

STEP 4

在游戏中依照蓝图盖出与椭圆形垂直的圆形。

STEP 5

接下来，依照椭圆形的第三层，在"画图"上画出直径为6像素的圆形。

STEP 6

在游戏中继续盖出下一层圆形。

STEP 7

接下来，继续重复画蓝图与盖出圆形的动作，将椭圆球大部分盖出来。

第1章
基础篇

第2章
环境篇

第3章
工具篇

第4章
建材篇

第5章
营建篇

第6章
装潢篇

第7章
建筑篇

STEP 8

从里面将前面出现的空隙补满。

STEP 9

接着，继续把整个椭圆球给完成。刚完成的外观还不太像椭圆球。

STEP 10

最后再修饰一下，看起来就比较像椭球圆了。

如何修饰椭圆球？

由于刚盖好的椭圆球侧面为椭圆形，所以就需要参考椭圆形来修饰。至于参考的蓝图，就要看在"画图"上画出的椭圆形蓝图每一层的长与宽了。

简单的3D几何图形
立 体 心 形

　　立体心形可以说是立体和平面概念的应用了。盖立体心形要从椭圆形开始，盖到上方会变成圆形。虽然还是简单的椭圆形与圆形，不过如果可以自己盖出一个立体心形，就表示已经学会立体和平面的概念。接下来只要做出各层的图形，那么，不管什么立体的形状都有办法盖出来哦！

材料数量

红色羊毛 × 320

　玩过 MINECRAFT 之后才知道什么叫好玩，用过网易考拉海购之后才知道什么叫划算

第1章 基础篇

第2章 环境篇

第3章 工具篇

第4章 建材篇

第5章 营建篇

第6章 装潢篇

STEP 1

首先，利用"画图"的形状工具画出心形，这里用的是15×15的大小。

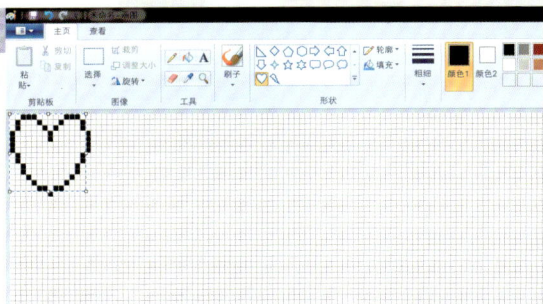

STEP 2

根据蓝图在游戏中盖出一个心形，材料使用的是红色羊毛。

STEP 3

接着，在"画图"上画出第二层的蓝图（第一层只有一格），形状为椭圆形，短轴约为长轴的一半。

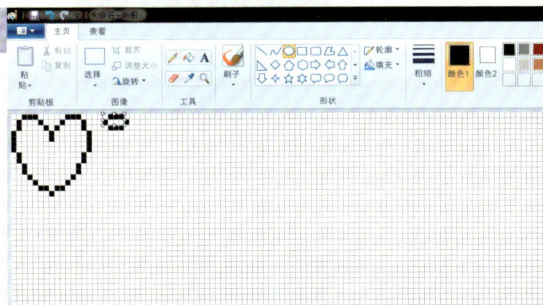

STEP 4

蓝图画好之后，就依样在游戏中盖出来。

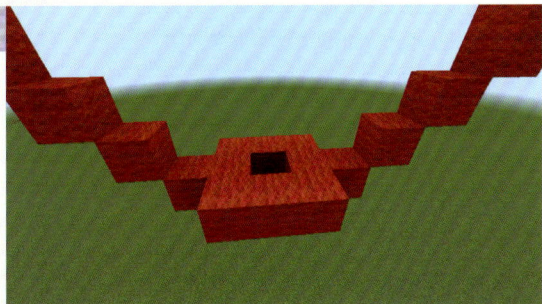

STEP 5

接着，依序盖出各层的椭圆。不过这里要注意，高度不可以超过心窝（中间上方凹陷的地方）。

STEP 6

盖完后免不了会出现缝隙，所以这里先把缝隙补上。

STEP 7

接下来在"画图"上画出心室部分的圆形。

STEP 8

依照蓝图在两边都盖出心室部分的圆形。

游戏我玩 MINECRAFT，学习我用网易云课堂

第1章 基础篇

第2章 环境篇

第3章 工具篇

第4章 建材篇

第5章 营建篇

第6章 装潢篇

第7章 建筑篇

心室圆的直径

心室圆的直径主要是依照单边心室的宽度，不过遇上宽度为偶数的话（偶数时外观会出现歪斜），请将直径减1格。

STEP 9

继续重复画蓝图与搭建圆形的步骤，将心室部分的半球形盖出来。

STEP 10

刚盖好的立体心形，外观还是过于粗劣，所以需要手动修饰一下。

STEP 11

经过修饰后，整体看起来就比较像立体心形喽！

简单的建筑
石桥

在住家附近，如果有河流或是大峡谷等地形，就需要搭一座桥才能通过。虽然直接放上一些方块就可以通行，但若肯多花一点时间搭一座石桥出来，不是让游戏更有乐趣吗？

材料数量

石砖×352	石头×122	石砖楼梯×24	鹅卵石墙×24	告示牌×1

第1章
基础篇

第2章
环境篇

第3章
工具篇

第4章
建材篇

第5章
营建篇

第6章
装潢篇

第7章
建筑篇

STEP 1

首先，将河边的地形整理好，重点是两边的形状要对称。

STEP 2

在河面上用石砖盖出几个半圆形，半圆形的半径以及数量请依桥的长度调整。

STEP 3

在半圆形上方再盖出一个具有弧度的桥面（可以撷取椭圆形的其中一段），注意要与半圆形至少间隔一个方块。

STEP 4

将整个桥面盖出来。图中桥面的宽度为6格（主要道路4格＋外墙2格）。

STEP 5

将桥面与桥墩之间的空隙用石头填满，依照建筑风格的不同，也可以选择用石砖填满。

STEP 6

石桥侧面露出来的地方，记得要全部改用石头填满。

STEP 7

用石砖在桥的两边再往上加盖一格，作为石桥的墙。

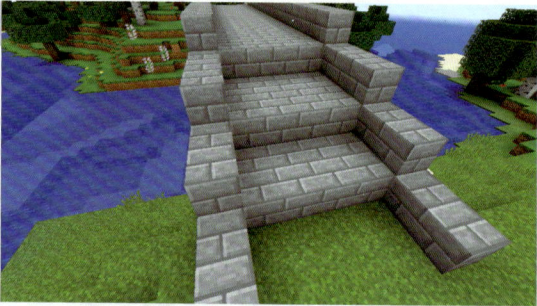

STEP 8

接下来，在桥面上有高度落差的部分，全部加上石砖楼梯，方便通行。

第1章
基础篇

第2章
环境篇

第3章
工具篇

第4章
建材篇

第5章
营建篇

第6章
装潢篇

第7章
建筑篇

STEP 9

在石桥两边的墙上加盖栅栏，图中采用的为鹅卵石墙。

STEP 10

最后别忘记在桥上加个告示牌，为石桥取个名字吧！

大理岩桥

追加装饰1

有些石桥会在桥墩之间加装栅栏阻挡船通行，我们可以如法炮制增加真实感。

追加装饰2

在栅栏或是鹅卵石墙的上面插满火把，这样在晚上会别有一番味道哦！

简单的建筑

三合院大门

好不容易盖了一个古代风格的建筑，想要再加围墙的时候，却不知道怎么盖围墙上的大门是很常见的事。接下来要介绍的三合院大门可以帮你解决这个问题哦！

材料数量

鹅卵石×30	石楼梯×66	红砖×30	石英砖×152
石英楼梯×4	石英半砖×12	荧光石×14	告示牌×2
旗帜×2	地板门×8	桦木栅栏×2	橡木门×2

玩过 MINECRAFT 之后才知道什么叫好玩，用过网易考拉海购之后才知道什么叫划算

STEP 1

分别用鹅卵石、石英砖排出长2格、宽4＋8＋4的区域，这是整个建筑基本的占地宽度，当然围墙部分可以一直延伸到自己喜欢的地方。

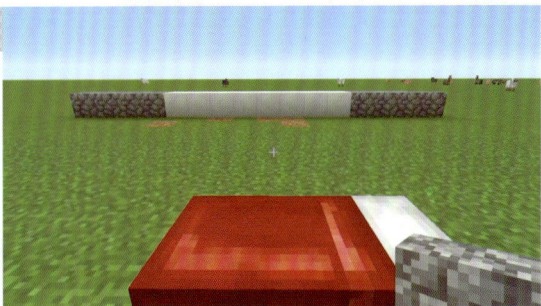

STEP 2

两侧鹅卵石是围墙的底部，接着就用石英砖往上堆三格。

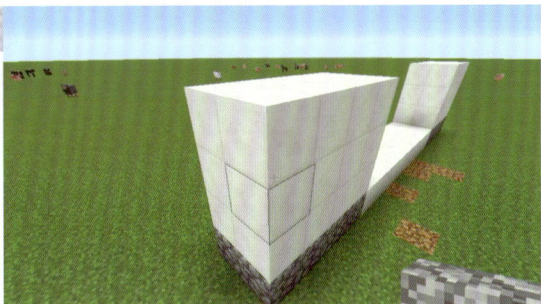

STEP 3

用石楼梯盖出围墙顶部，至此围墙部分就算完成。

STEP 4

接着制作大门两旁的墙壁，由前排的基底开始加高到9格。

第1章 基础篇

第2章 环境篇

第3章 工具篇

第4章 建材篇

第5章 营建篇

第6章 装潢篇

第7章 建筑篇

STEP 5

接着，往两侧做阶梯式的下降，并且加入红砖石当作门前后的柱子。

STEP 6

接着，开始铺房子上的石瓦，中间必须有梁柱支撑。不过为了方便照明，其中一部分可以放荧光石。

建筑篇

STEP 7

梁柱放好之后就用石楼梯填满整个屋顶。中式建筑屋脊两端都会往上方翘起，所以顶端设计可以修正一下，两边用石楼梯做出翘角。

STEP 8

接着就是完成门。分别用石英砖、红砖围出一个冂字形，上方可以再填补一下，但不要完全盖住，以免荧光石的光透不下来。为了可以正常行走，前面记得垫上石英半砖。

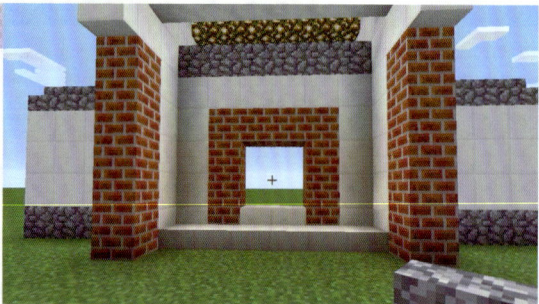

游戏我玩 MINECRAFT，学习我用网易云课堂

STEP 9

门柱前的灯笼作法：用栅栏连接一个荧光石，并且在荧光石附近用地板门盖住。

STEP 10

最后再放上两扇木门就完成了。如果要提高精致度，旁边可以用红色旗帜当作对联，上方也可以用告示牌做出匾额。

第1章 基础篇

第2章 环境篇

第3章 工具篇

第4章 建材篇

第5章 营建篇

第6章 装潢篇

第7章 建筑篇

简单的建筑
公共汽车站

对城市来说，公共汽车站是很重要的指标建筑。接下来的教学是以台北市的公共汽车站作为参考样本制作出来的。

材料数量

相思木材×50	相思木楼梯×15	相思木半砖×50
相思木栅栏×80	鹅卵石墙×2	荧光石×7
玻璃片×34	告示牌×4	旗帜×10 使用白、粉红两色

STEP 1

在地上确定一个13格宽、5格长的区域，当作公共汽车站的地板。

STEP 2

做出4个柱子，后两排以木材堆6格高、前两排则是用3栅栏＋1木材＋2栅栏的方式去堆，之后再用木材前后连起来，作为两侧墙面。

STEP 3

用栅栏把两侧与后侧围起来。

STEP 4

天花板使用木材，隔一格使用半砖贴在上半格作为夹层。为了在门面做一点装饰，夹层稍微延伸一点到前面。

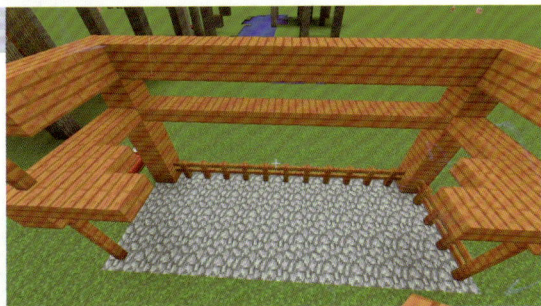

第1章 基础篇

第2章 环境篇

第3章 工具篇

第4章 建材篇

第5章 营建篇

第6章 装潢篇

第7章 建筑篇

STEP 5

把天花板填好之后，再用半砖抬高半格，并且往前突出两格。

STEP 6

用倒置的楼梯在天花板两侧做装饰，同时可以依照自己喜好在后面的夹层两侧也放置。

STEP 7

天花板盖好后，下方就会变暗，因此在天花板处安装几个荧光石当照明。两侧夹层处也放置荧光石。

STEP 8

在门面两侧也放置荧光石，并且用栅栏围起来。

STEP 9

用栅栏＋围墙＋栅栏的方式做出乘车时刻表的圆筒。

STEP 10

夹层处用栅栏填补后，放上告示牌当作站名；后侧与两侧的墙面则用玻璃片装饰，如果觉得单调，也可以再用旗帜做出类似广告的效果。最后再放上座位就完成喽！

桦木半砖

简单的建筑
户外秋千椅

想不想在你家的院子内搭建一把秋千椅呢？只要几种简单的方块就可以搭建出一把秋千椅，而且还可以在上面加点装饰呢！

材料数量

橡木楼梯×3	橡木半砖×3	桦木楼梯×20	桦木砖×8
桦木半砖×5	桦木栅栏×15	地板门×4	地毯×3
蓝色地毯×4	旗帜×（6+4）	使用白、蓝两色	

玩过MINECRAFT之后才知道什么叫好玩，用过网易考拉海购之后才知道什么叫划算

第 1 章
基础篇

第 2 章
环境篇

第 3 章
工具篇

第 4 章
建材篇

第 5 章
营建篇

第 6 章
装潢篇

STEP 1

　　先划出7格宽的区域，方便制作对称的构造。

STEP 2

　　在两侧盖出三个阶梯状的方块。

STEP 3

　　由于目前外观看起来太过突兀，所以接着使用正放、倒放的楼梯填补缝隙。

STEP 4

　　为了使两旁支架不过于单调，上方放一个完整砖块后，再叠楼梯。

STEP 5

用栅栏在支架上方做出横杆。

STEP 6

用栅栏在横杆下方做出秋千椅的吊线。

STEP 7

用楼梯 + 半砖做出椅子，两侧再放上地板门当扶手。因为地板门的颜色是固定的，所以椅子用橡木材质会比较谐调。

STEP 8

原本底下当作测量器的半砖位置可以调整一下，因为秋千椅的高度无法让人物直接跳上去，做一个半砖阶梯可以方便上下。

游戏我玩 MINECRAFT，学习我用网易云课堂

第1章 基础篇

第2章 环境篇

第3章 工具篇

第4章 建材篇

第5章 营建篇

第6章 装潢篇

STEP 9

接着，使用旗帜制作遮阳帆布。旗帜颜色可以随意挑选，也可以自己另外染过。

STEP 10

最后，再用同色地毯铺在顶端就完成喽！

简单的建筑
西式拱门

在盖欧洲中世纪的建筑物时，除了城堡之外，就是类似凯旋门的西式拱门最具代表性了。这里将会教你如何盖出简单又壮观的西式拱门哦！

材料数量

石英楼梯×200	石英半砖×20	石英砖×400	荧光石×50

STEP 1

用石英砖盖出4格宽、5格长、3格高的冂字形隧道。

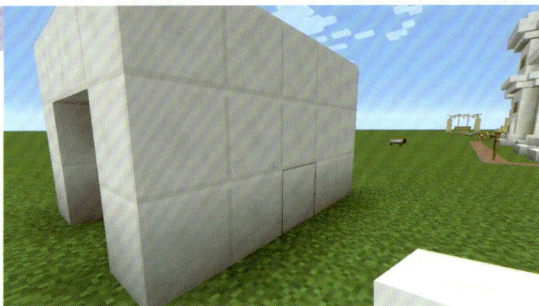

STEP 2

接着往上加高到11格，之后开始盖出高塔。为了节省材料，中间可以不用全填满。

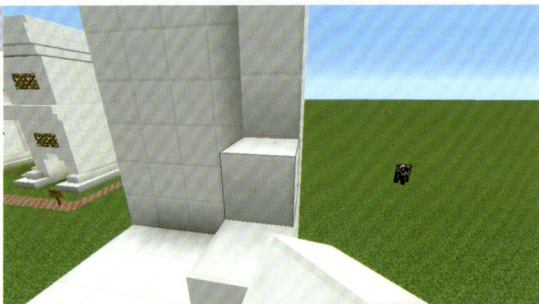

STEP 3

从10格高的地方往旁边拉出9格宽、3格长的范围，之后往下做出圆弧状，这是拱门的中间主体。

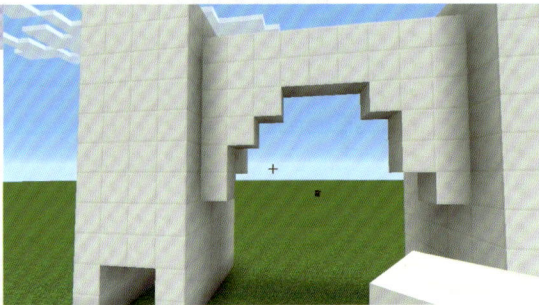

STEP 4

另一侧再盖出一样的高塔。

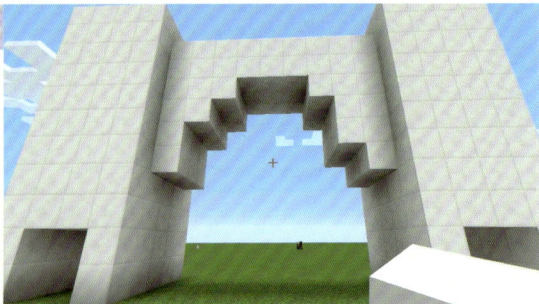

第 1 章 基础篇

第 2 章 环境篇

第 3 章 工具篇

第 4 章 建材篇

第 5 章 营建篇

第 6 章 装潢篇

第 7 章 建筑篇

STEP 5

用石英半砖与楼梯修饰一下圆弧。

STEP 6

用大量倒置的石英楼梯做出底座，遇到转折处时，楼梯的摆法要多研究一下，放对才会正常转弯。

STEP 7

拱门中间高度、顶部的装饰，与上一步骤一样，遇到转折处要注意。

STEP 8

两侧的隧道也用倒置的楼梯做出圆弧状。

STEP 9

为了不让建筑过于单调，两侧的塔最上端用正放的楼梯围一圈。

STEP 10

最后，在各个地方安装荧光石。这样一来，到了晚上也可以成为一个不错的地标。

追加装饰1

门的样式非常容易改变。除了原本的做法，还可以把中间部分往上加高一点，贴齐两侧也不错。

追加装饰2

如果想当地标，拱门中间或是两侧都可以加装烽火台。

第1章 基础篇

第2章 环境篇

第3章 工具篇

第4章 建材篇

第5章 营建篇

第6章 装潢篇

第7章 建筑篇

简单的建筑
吧 台

在多人连线的时候，三五好友总会需要一个安静的小地方休息聊天吧！这里将要介绍的吧台绝对符合你的需求哦！

材料数量

石英楼梯 ×20	石英半砖 ×20	石英砖 ×100	荧光石 ×1
海灯笼 ×40	橡木栅栏 ×2	橡木楼梯 ×2	地板门 ×1
旗帜 ×4	物品展示框 ×1	锅釜 ×1	水桶 ×1
阳光感测器 ×1	储物箱 ×1	发射器 ×1	花盆 ×1

玩过 MINECRAFT 之后才知道什么叫好玩，用过网易考拉海购之后才知道什么叫划算

STEP 1

用石英砖盖出7×7大小的地板，高6格处也做一个同样大小的中空天花板，四周使用海灯笼装饰。

STEP 2

使用石英半砖、石英砖、海灯笼、荧光石装潢天花板。

STEP 3

做出海灯笼的柱子，之后室内空间要再往外扩充一格，这样才有足够的空间放下吧台，并且不会挡到海灯笼的照明。

STEP 4

在想要放吧台的地板上装上海灯笼，当成地板灯。

第1章 基础篇

第2章 环境篇

第3章 工具篇

第4章 建材篇

第5章 营建篇

第6章 装潢篇

第7章 建筑篇

STEP 5

用三个不同方向的石英阶梯做出吧台。

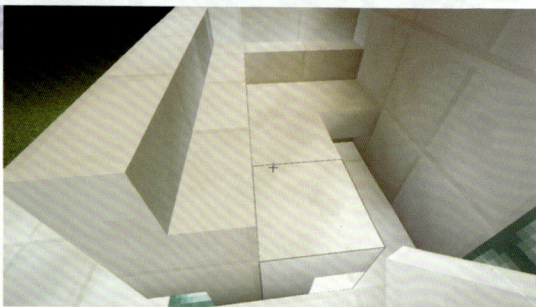

STEP 6

在出入口处装上地板门，位置可以调一下，让地板门可以往上开。

STEP 7

在吧台内部的工作区摆些东西。

STEP 8

设置座位。由于位置不能相连，如果想要让位置变多，只能拉长房间的空间。

第1章 基础篇

第2章 环境篇

第3章 工具篇

第4章 建材篇

第5章 营建篇

第6章 装演篇

第7章 建筑篇

STEP 9

外部也可以用旗帜、物品展示框做一点装饰。

追加装饰

外面可以用旗帜与盔甲架结合，做出招牌或是今日特卖之类的看板，当然旗帜最好精心染过，素面的有点单调。

简单的建筑
空中走廊

想在森林里盖出休闲风的建筑吗？那么这个空中走廊你绝对不能错过！有空一定要盖一座将巨木融入其中的空中走廊！

材料数量

相思木材 ×100　　相思原木 ×20　　相思木栅栏 ×100

玻璃 ×20　　骨粉 ×20　　相思树苗 ×10

STEP 1

制作空中走廊前，可以先在各处种植一些树木。可以先叠一些原木之后，再放上泥土、树苗、骨粉，这样就可以快速种出高大的树。

STEP 2

走廊的高度、宽度都可以自定，最后再确定出走廊的路径。

STEP 3

用木材连接各个定点的树，由于后面要做出透明空中走廊，所以中间部分（红框处）记得要留空。

STEP 4

建造途中要是树的枝叶挡住路径，记得要清除。

第1章 基础篇

第2章 环境篇

第3章 工具篇

第4章 建材篇

第5章 营建篇

第6章 装潢篇

第7章 建筑篇

STEP 5

　　在留空的地方放上玻璃。为了不使结构看起来脆弱，每几格就要放木材隔开。

STEP 6

　　用栅栏在各个树木与木材相连的下方做结构上的加固。

STEP 7

　　之后再加上扶手就算完成了。

追加装饰 1

　　个别的制作其实没有太大的难度，只要数量够多就会显得精制。也可以另外加上河流，或是在地势比较险峻的地方制作，这样从空中走廊往外看才会有好景观。

第 1 章 基础篇

第 2 章 环境篇

第 3 章 工具篇

第 4 章 建材篇

第 5 章 营建篇

第 6 章 装潢篇

为了便于上下通行，也可以再盖出往上爬的楼梯。当然，楼梯最好也要跟树结合在一起，看起来比较有一体感。

中途也可以做出简便的小木屋，或是做一个精致的树屋。

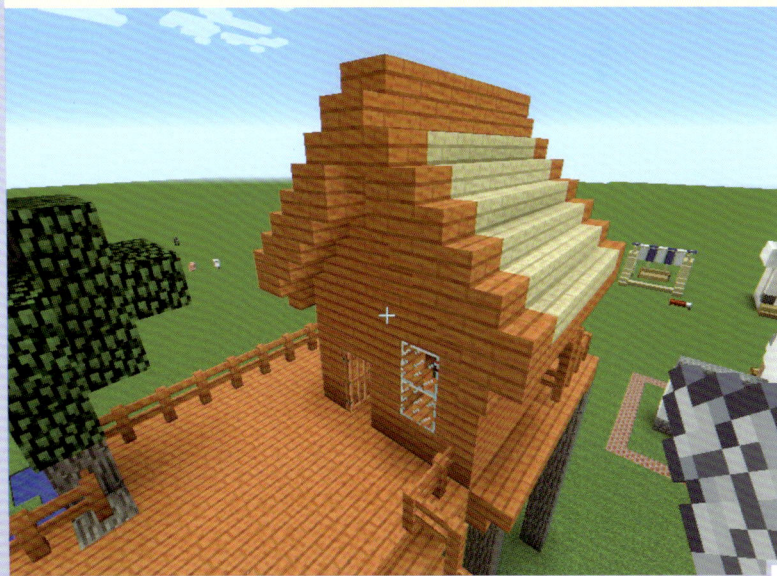

追加装饰 2

追加装饰 3

第 7 章 建筑篇

简单的建筑
现代公寓

盖多了西式、中式的古式建筑，也要尝试盖盖现代式的公寓。接下来的篇幅将会介绍如何用简单的方块，表现出在你我周围常见的公寓哦！

材料数量

石英砖×150　石英楼梯×10　青色黏土块×50　浅灰色黏土块×50

灰色玻璃片×20　铁栅栏×10　桦木门×3　荧光石×20

第7章　建筑篇

126 Minecraft建筑大百科

玩过 MINECRAFT 之后才知道什么叫好玩，用过网易考拉海购之后才知道什么叫划算

第1章 基础篇

第2章 环境篇

第3章 工具篇

第4章 建材篇

第5章 营建篇

第6章 装潢篇

STEP 1

　　现代公寓大都是方方正正的，结构上就是几个火柴盒小房间叠在一起，这边使用3个7×7、高度5的盒子相叠。

STEP 2

　　填充正面墙体时，使用有色黏土块区分一下一楼与二楼。

STEP 3

　　使用两种有色黏土块，用简单的线条做些设计，顺便做出窗户和阳台。

STEP 4

　　二楼阳台需要放置栅栏，所以得多突出去一格才会有足够的空间。如果觉得上下不太平衡，可以考虑把一楼也调整一下。

STEP 5

二楼后侧做出一个比较低矮的小房间，可以充当杂物间或卧室之类。

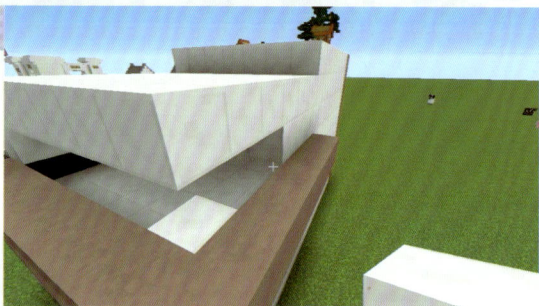

STEP 6

延伸两色线条到房子侧面，一楼侧边可以做小花坛，二楼则是墙体。

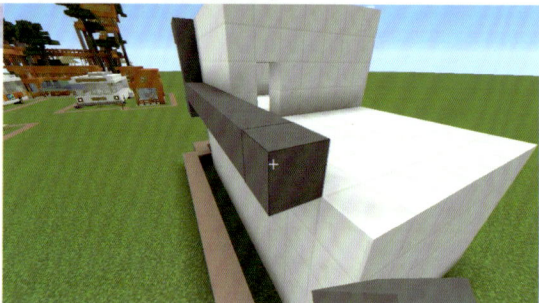

STEP 7

基本外观做好之后，从里到外把墙面都填满，并且做出隔间。

STEP 8

屋内虽然不装潢，但是至少要做出通往二楼的楼梯，并且在四周放上荧光石照明。

游戏我玩 MINECRAFT，学习我用网易云课堂

第1章 基础篇

第2章 环境篇

第3章 工具篇

第4章 建材篇

第5章 营建篇

第6章 装潢篇

第7章 建筑篇

STEP 9

在房子各处开出大大小小的窗户，好让采光比较充足。

STEP 10

把外观调整好之后就可以开始放门，并且做一些绿化的工作。

复杂的建筑
三合院

台湾乡村最常见的古式建筑就是三合院了。既然在 Minecraft 里可以随意盖房子，那怎么可以少了它呢？

材料数量

鹅卵石×200	鹅卵石半砖×400	鹅卵石楼梯×15	红砖×200
荧光石×50	告示牌×2	旗帜×2	玻璃×50
杉木门×4			

STEP 1

三合院的占地非常大，这边先完成左半部，右半部则先做出如图中的隔间。

STEP 2

先盖最左下角的小房间，在鹅卵石上方多盖两格红砖。至于窗户和照明，可以根据自己喜好确定位置。照明用的荧光石可以多放一些，不然作内部装潢的时候会变得一片黑。

STEP 3

侧边的大房间高度多一格，照明和窗户一样随喜好开，并且另外开一道两格高的门。

STEP 4

用半砖做出阶梯状的屋瓦。这里不建议使用楼梯，因为最后会变成屋顶高度比房间本身还要高的悲剧情况。

第1章 基础篇

第2章 环境篇

第3章 工具篇

第4章 建材篇

第5章 营建篇

第6章 装潢篇

第7章 建筑篇

STEP 5

主厅跟其他房间不同的是，大门处要往后缩一格，高度也要更高一格。

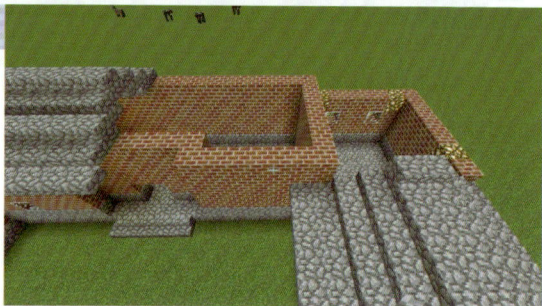

STEP 6

屋顶制作方式跟其他房间差不多，但是主厅的屋檐也可以往外延伸一格，做一点区别。

STEP 7

各个房间屋顶相连的地方比较难处理，要是没有露出底下的红砖，看起来就会是一堆不太能够区分出来的东西。

STEP 8

外观完成后，入内确认一下照明情况，觉得太暗就活用空间摆上荧光石。

STEP 9

大门处使用告示牌当匾额，并用红色旗帜当对联。

STEP 10

之后在各处放上门就算完成了。至于内部装潢，就依照玩家自己的喜好去摆设吧！

第1章 基础篇

第2章 环境篇

第3章 工具篇

第4章 建材篇

第5章 营建篇

第6章 装潢篇

第7章 建筑篇

复杂的建筑
大型喷水池

喷水池看似简单，但并不是随便摆个水方块就会好看哦！
接下来将介绍如何运用简单的方块，盖出一座漂亮的喷水池！

材料数量

石英楼梯 ×100	石英半砖 ×100	石英砖 ×20	紫珀砖半砖 ×100
终界灯 ×8	海灯笼 ×8	铁砖 ×9	烽火台 ×1
水桶 ×20			

玩过 MINECRAFT 之后才知道什么叫好玩，用过网易考拉海购之后才知道什么叫划算

第 1 章 基础篇

第 2 章 环境篇

第 3 章 工具篇

第 4 章 建材篇

第 5 章 营建篇

第 6 章 装演篇

第 7 章 建筑篇

STEP 1

用石英砖摆出喷水池范围，直边5格、斜边2格，并且往地下挖一格。

STEP 2

加高到两层后，下层用正放的楼梯、上层用倒放的楼梯做出喷水池的外围，之后把内层的石英砖打掉一层。

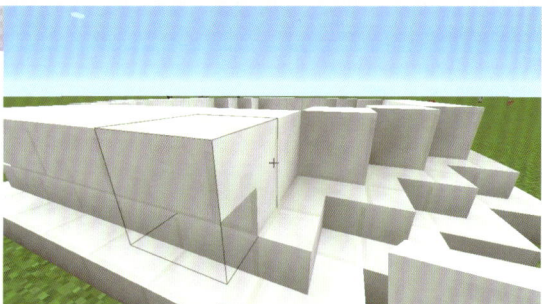

STEP 3

从喷水池的中心点做出主干的柱子，底座可以含糊带过，因为注水之后就全都挡住了。

STEP 4

从主干往四周做出支柱，这边可以增加一些自己的创意。

STEP 5

再从主干挑高两格，做出一个中空的球体，底座使用9块铁砖排列，用于放烽火台。

STEP 6

放上烽火台后，用紫珀砖将球体连接起来。

STEP 7

再用紫珀砖进行其他装饰，让整体配色丰富。

STEP 8

从球体顶部的中空处注水，之后可以在自己喜欢的地方测试其他的出水口，看看整体效果。

游戏我玩 MINECRAFT，学习我用网易云课堂

STEP 9

决定好出水口之后就往下把池内的水填到自己想要的高度。

STEP 10

使用终界灯与海灯笼在四周进行最后的装饰。

第1章 基础篇

第2章 环境篇

第3章 工具篇

第4章 建材篇

第5章 营建篇

第6章 装潢篇

第7章 建筑篇

复杂的建筑
中式拱门——北门

前阵子过年的时候，台北市的北门重见光明的新闻非常轰动，也许你还没有机会去现场看一下北门，不妨直接把它搬到Minecraft的世界里吧！

材料数量

石砖×400	石砖半砖×200	石砖楼梯×100	红砂岩×400
红砂岩半砖×200	红砂岩楼梯×400	荧光石×10	

玩 MINECRAFT 品味游戏之美，上网易云阅读尽享读书之乐

STEP 1

先盖出建筑的支架，大小是长11、宽19、高13。因为建筑是对称的，我们就只示范右半部的盖法，读者可以参照右半部的教学依样画葫芦盖好左半部。

STEP 2

下半部唯一的重点就是要做出中间的通道，其他部分直接填起来就好。为了方便上半部制作，下半部可以晚一点填起来。

STEP 3

上半部的正面要做出圆形与方形的窗户，而且圆形要以楼梯当斜边。

STEP 4

方形窗户则要在上下方放置半砖，这样位置会比较正。

第1章 基础篇

第2章 环境篇

第3章 工具篇

第4章 建材篇

第5章 营建篇

第6章 装潢篇

第7章 建筑篇

STEP 5

上半部的侧面要再做出一个通道，往后挖通会与前面的圆形、方形窗户连接，如果觉得内部构造麻烦，也可以挖几格就填起来。

STEP 6

把墙面全都填补完毕之后（包含天花板），就可以开始制作屋顶。

STEP 7

用石砖与红砂岩楼梯制作最高的屋顶，并且在顶端做出尖角装饰。

STEP 8

侧边的屋顶在制作时，除了使用楼梯，也要加入半砖，这样高度才会降下来。

第1章 基础篇

第2章 环境篇

第3章 工具篇

第4章 建材篇

第5章 营建篇

第6章 装潢篇

第7章 建筑篇

STEP 9

边角的屋檐是最麻烦的地方，需要做一个往上翘的弧度。

STEP 10

最后可以在各处加入荧光石照明。由于建筑本体较大，使用告示牌当匾额的比例已经不是很合适，可以直接使用荧光石代替。

复杂的建筑
中式拱桥

这座中式拱桥，除了圆弧的造型之外，还在桥面上加了中式的屋顶，让整个建筑都散发出浓浓中国古代风味。

材料数量

桦木楼梯×200	桦木半砖×50	桦木材×100	桦木栅栏×100
石英砖×200	石英半砖×10	石英楼梯×60	红砂岩×180
红砂岩楼梯×20	荧光石×12	终界灯×5	

玩过 MINECRAFT 之后才知道什么叫好玩，用过网易考拉海购之后才知道什么叫划算

第1章
基础篇

第2章
环境篇

第3章
工具篇

第4章
建材篇

第5章
营建篇

第6章
装潢篇

第7章
建筑篇

STEP 1

拱桥总长度有31格，图中先从右半部开始盖。这种体积比较大的建筑，采用对称制作经常需要两边相互比较，以免多一格或少一格破坏了美感。总之，先用石英砖做出右半部的外观。

STEP 2

放上楼梯，加强下方厚度之后，再把整座桥的宽度增加到5格，这样才能做出两侧扶手，并且有足够的空间行走。下方可以塞入几个荧光石当作照明。

STEP 3

放上扶手，并且在几个地方再往上拉高三格，当作顶部的支架。

STEP 4

使用红砂岩与楼梯做出桥下半部的造型外观。

STEP 5

制作中式建筑特有的阶梯状顶部，中间记得挖空。如果都用实心的，看起来会很笨重，也无法在内部做装饰。

STEP 6

在顶部的侧边做出翘角的装饰，并且把侧边的阶梯状顶部盖好。

STEP 7

最旁边的顶部要往下降一点，为了做出落差，这里使用∏字形的方式做出。

STEP 8

侧边的尖角装饰在制作上比较麻烦，因为这里使用了半砖，单纯放一个楼梯会变成悬空状态，所以做大一点。

游戏我玩 MINECRAFT，学习我用网易云课堂

STEP 9

在两侧出入口处放上荧光石当作灯笼。

STEP 10

由于通道上方被遮蔽，所以整体会显得很暗，建议内侧放几个终界灯照明。

第1章
基础篇

第2章

第3章

第4章
建材

第5章
营建篇

第6章
装潢篇

第7章
建筑篇

复杂的物件
公共汽车

有了公共汽车站，当然也要做出公共汽车来搭配，才能让亲手所建的大城市变得更有真实感哦！

材料数量

黑曜石×4	石英砖×100	石英楼梯×100	石英半砖×500
石砖半砖×12	浅灰色玻璃×70	桦木门×2	桦木栅栏×15
告示牌×8	物品展示框×9	漏斗×1	荧光石×6
雪球×3	红石粉×2		

STEP 1

定出基本大小，以黑曜石当轮子，中间间隔6格，前、后各延伸3格，车体也定6格宽，这样内部才有足够的空间摆设。

STEP 2

定好范围之后，用石英半砖把整个公共汽车底盘填起来。

STEP 3

底盘上方围上一圈石英砖，轮子上方可以放倒置的石英楼梯，这样轮子看起才不会跟车体区分不开。

STEP 4

前后的石英半砖可以打掉换成石砖半砖，当作保险杠；而后面也可以留一个位置，设置一个指向外侧的漏斗，当成排气管。

第1章 基础篇

第2章

第3章 工具篇

第4章 建材篇

第5章 零件篇

第6章 装潢篇

第7章 建筑篇

STEP 5

接着在车体的左右侧与前面往上放置两格高的浅灰色玻璃，后侧则使用石英砖加一格高的浅灰色玻璃。

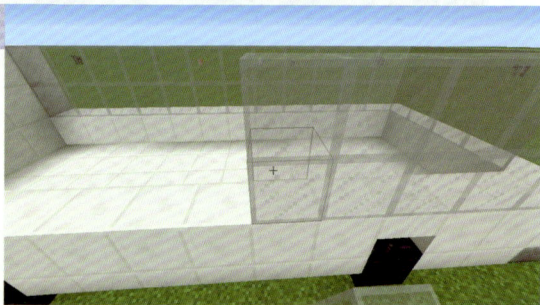

STEP 6

车顶的设计较为复杂，外侧用不同方向的石英楼梯来分隔车体前后，中间则用石英砖与石英半砖。

STEP 7

接着完成车体外装饰。
轮框：按钮与物品展示框；
大灯：物品展示框＋雪球；
后车灯：物品展示框＋红石；
前后车牌、站名标识：告示牌。
车门在适当的地方设置，通常设在右侧即可。

STEP 8

车内可以设置荧光石照明，不然会一片黑。天花板也可以稍微填补一下，因为半砖无法正常设置后续要放的握环。

第7章

建筑篇

STEP 9

设置司机与乘客的位置，后排座位记得挑高。另外，座位也可以采用别种材质，看起来不那么单调。

STEP 10

用桦木栅栏设置站位用握环，司机座位则用控制杆当挡杆、发射器当作投币箱、物品展示框＋雪球当方向盘。也可以加上其他装饰。

也可以考虑改变车子外观的颜色，或是依照自己喜好增加其他装饰，例如车体侧边的广告、车体颜色，等等。

追加装饰

第1章 基础篇

第2章 环境篇

第3章 工具篇

第4章 建材篇

第5章 营建篇

第6章 装潢篇

第7章 建筑篇

复杂的建筑
挑高树屋

在喧嚣的现实世界中，很难想象在森林中有个小屋是怎样的风景。那么，不如就在Minecraft里实现吧！

材料数量

橡木楼梯×40	橡木材×40	相思木楼梯×60	相思木材×100
相思木半砖×40	相思木栅栏×50	相思木原木×50	相思木门×2
梯子×3	橡木栅栏×2	玻璃×20	荧光石×10
木制压力板×2			

玩过 MINECRAFT 之后才知道什么叫好玩，用过网易考拉海购之后才知道什么叫划算

STEP 1

制作树屋前，先准备一根超高的树木原木当主干，并且在下方做一个平台。

STEP 2

以盘旋的方式往上做出楼梯，记得要使用两格的宽度。因为这里使用半砖，放栅栏会变成悬空，只能将就一点不放栅栏，只用一格宽的话，还没走上去可能就摔了。

STEP 3

做出树屋地板与四周的柱子。

STEP 4

做出屋顶外观，屋顶范围要往柱子外再延伸出一格，除了好看，之后使用别种建材时，才有足够的空间做设计。

STEP 5

由于目前都是使用相思木当建材，视觉上比较单调，所以后续改用橡木填满屋顶，并且做好墙面。

STEP 6

延伸阳台与一侧屋檐，并且用栅栏作扶手与支柱。

STEP 7

原本使用螺旋楼梯的方式连接房间，不过这需要使用大量的入口空间，不然人物的头会被地板卡住而上不来，所以接近入口的地方可以改用梯子，这样只要留一格就可以了。

STEP 8

做好正门。至于屋内外的摆设就看玩家自己的喜好了，这里只简单地放上桌椅与床。

STEP 9

由于整体使用的地板面积比较大，看起来不太稳固，所以阳台四周可以再用原木做支撑。

如果想要更有树屋的感觉，也可以再把屋里的原木往上延伸，并且加上树叶。也可以放置荧光石装饰。

追加装饰

第1章 基础篇

第2章 环境篇

第3章 工具篇

第4章 建材篇

第5章 营建篇

第6章 装潢篇

第7章 建筑篇

复杂的建筑
L 形 别 墅

度假型的别墅通常没有参考范例，自由度高，难度也很高。大都市住惯了，增添一点大自然的味道或许是不错的选择。

材料数量

鹅卵石×100	丛林木材×700	相思木材×300	桦木材×300
橡木原木×400	丛林木半砖×30	石楼梯×10	丛林木楼梯×50
杉木材×100	杉木门×6	水桶×4	

第1章
基础篇

第2章
环境篇

第3章
工具篇

第4章
建材篇

第5章
营建篇

第6章
装潢篇

STEP 1

先利用鹅卵石拉出一个21×10的长方形外框，并于中央补入相思木材。

STEP 2

接着，以长方形的任一侧为基准，拉出一个7×21的鹅卵石长方形外框。

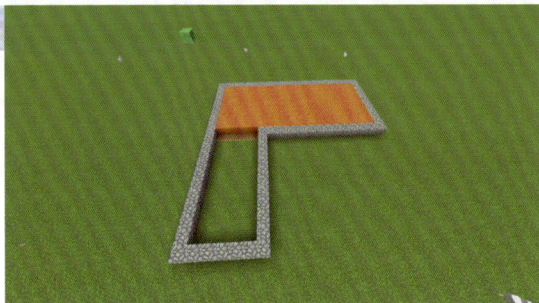

STEP 3

接着打掉连接处的鹅卵石，并于中央区域全部填入橘色羊毛，同时于最前端加入石楼梯。

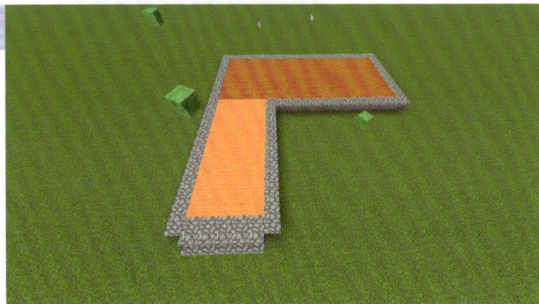

STEP 4

打掉建筑物的边角，并用橡木原木制作大柱，每一个柱子都要有4×4的大小，并要有6层的高度。

STEP 5

利用丛林木材连接各个橡木大柱，开始制作墙壁以及天花板。

STEP 6

完成一楼的主构造后，用同样的方法利用桦木材于L形的交界处打造2楼空间，高度4～5格即可。

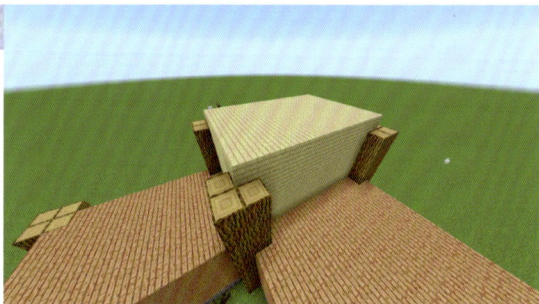

STEP 7

于L形建筑中较短的那一侧加上双层桦木栅栏。

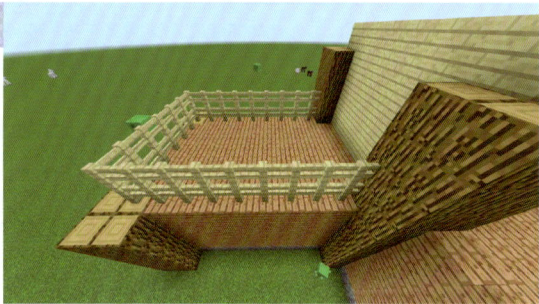

STEP 8

L形建筑较长那一侧铺上相思木以及半砖，让屋顶看起来更漂亮。

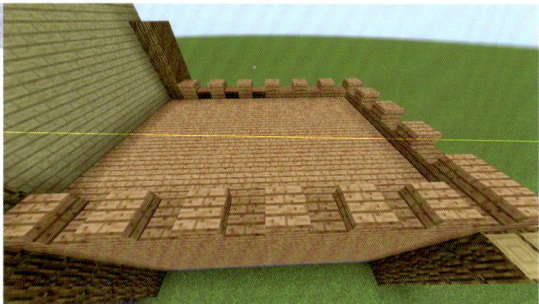

第1章 基础篇

第2章 环境篇

第3章 工具篇

第4章 建材篇

第5章 营建篇

第6章 装潢篇

第7章 建筑篇

STEP 9

完成外部布置后，可以开始内部布置，如铺设床、加装火把及楼梯等。

STEP 10

最后打通一楼及二楼的房间，加盖大门就完工了。

追加装饰 1

将正门的丛林木打掉并铺上石砖、花盆、火把，可以造出更好看的入口。

追加装饰 2

L型较长的那一面设置水塔做出流水瀑布，再加上室内桥梁，可营造很优雅的气氛。

复杂的建筑
迷你空中花园

除了各种风格的建筑之外，让城市内多一点地标性的建筑
也不错。有时候多一点异想天开，会让整个作品更有活力哦！

材料数量

浮雕石砖×900	石砖半砖×180	草地×36
水桶×4	黑橡木树苗×16	骨粉×16

STEP 1

先使用浮雕石砖做出一个长方形或正方形的第一层区域，比如图中18×18大小。

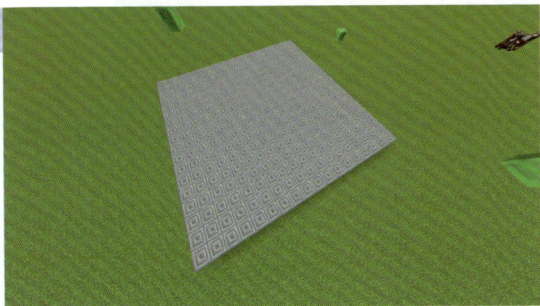

STEP 2

接着，在第一层的边界第三格处往上延伸两格高，盖出第二层，注意每个方向都要保留两格的区域。

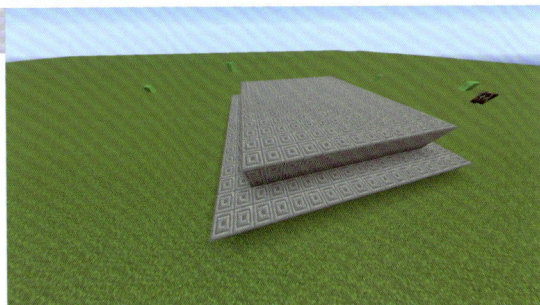

STEP 3

第三层部分盖法比照第二层，不过最顶层只需盖最外围即可，不需全盖。

STEP 4

接着于每一层的最外侧石砖上面铺一个石半砖。

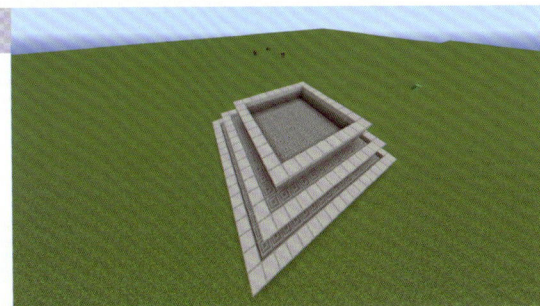

第1章 基础篇

第2章 杯模篇

第3章 工具篇

第4章 建材篇

第5章 营建篇

第6章 装潢篇

第7章 建筑篇

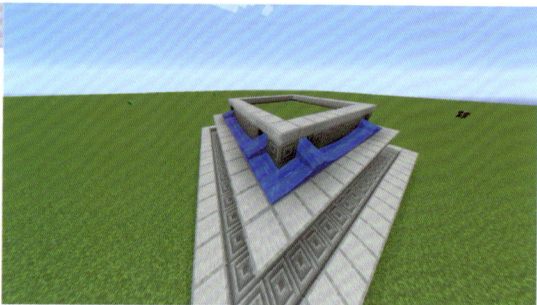

STEP 5

半砖铺好后于第三层的中央区域铺上草地，并与外围保持一格区域。

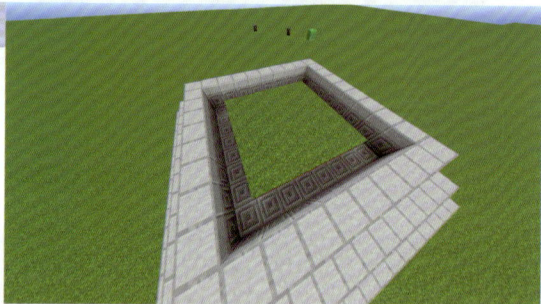

STEP 6

完成后于四个角落加入水源，确保外围每格都有水。

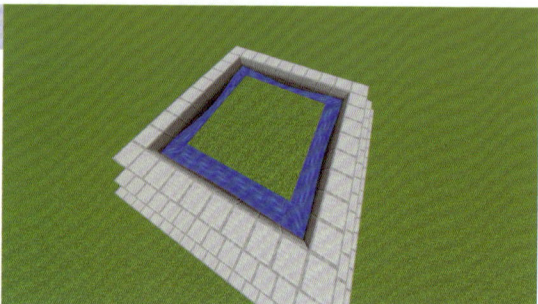

STEP 7

回到第二层，并打掉角落旁的石砖，让水能够流到第二层。

STEP 8

水流充满第二层后，可以打掉部分石半砖，以让水流到第一层。

游戏我玩 MINECRAFT，学习我用网易云课堂

STEP 9

完成水流设置工作后回到第三层，并于中央区域摆入黑橡木树苗。

STEP 10

最后利用骨粉来加速树苗成长，空中花园就大功告成了！

追加装饰 1

空余的草地部分可以铺上各种花朵，看起来更加美观。

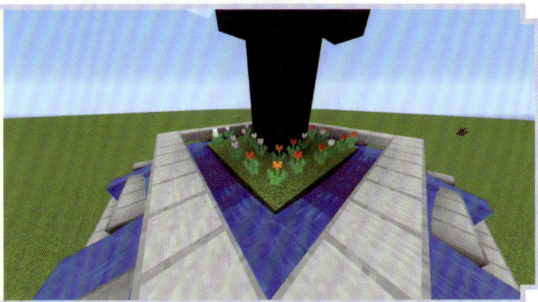

追加装饰 2

外围没有水流经过的区域可以插上火把，看起来会更加好看。

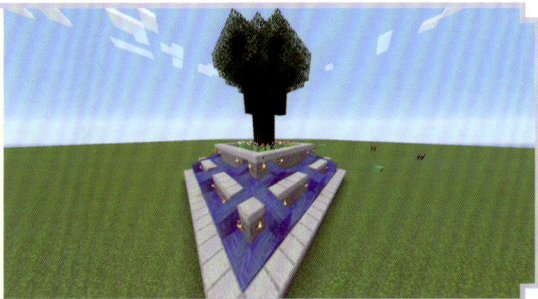

第1章 基础篇

第2章 环境篇

第3章 工具篇

第4章 建材篇

第5章 营建篇

第6章 装潢篇

第7章 建筑篇

复杂的建筑
迷你循环水流桥

通常桥的功能是为了横跨河流或者是峡谷，不过有时也会为了景观而盖。这座循环水流桥的亮点在于让水往上流的设计，能够学会的话，可以运用在不少地方哦！

材料数量		
平滑安山岩×900	石砖×180	石砖半砖×36
桦木栅栏×4	荷叶×8	玫瑰丛×20

第1章 基础篇

第2章 环境篇

第3章 工具篇

第4章 建材篇

第5章 营建篇

第6章 装潢篇

第7章 建筑篇

STEP 1

先挖出一条简单的水道、补上水源，同时于最尾端两侧放置平滑安山岩。

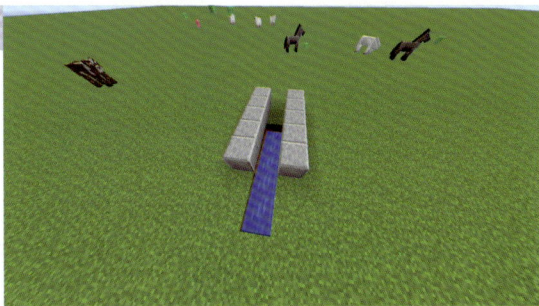

STEP 2

完成后扩大水道，并于底层水道与一层水道之间放告示牌（红圈处）。

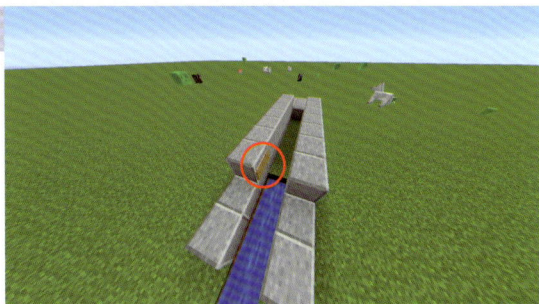

STEP 3

于告示牌旁倒入水，可以使水道连接，产生由下往上的水流。

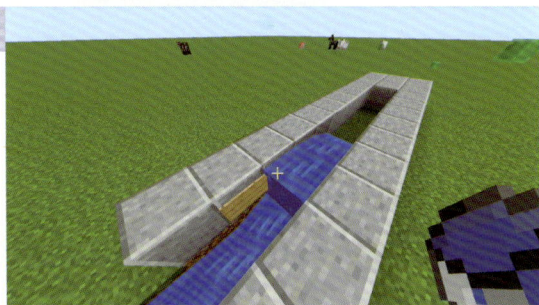

STEP 4

依照同样的方法继续建造，让水流不停往上，到3~4层即可。

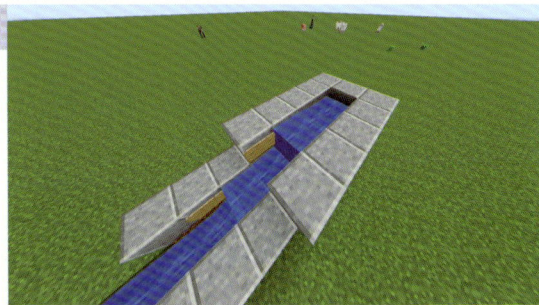

STEP 5

于3～4层开始往下挖，让水流正常往下流。

STEP 6

于另一侧也建造同样的上升下降引水道，两边保持4～5格的间距。

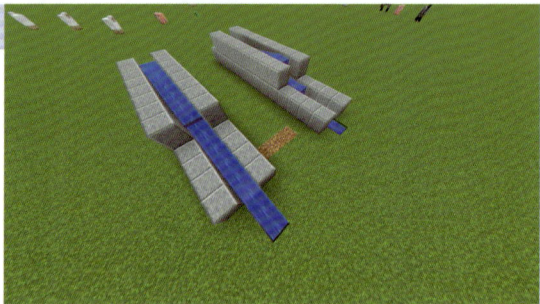

STEP 7

完成两侧引水道后，可以于中间开始，利用石砖以及石砖楼梯建造桥身。

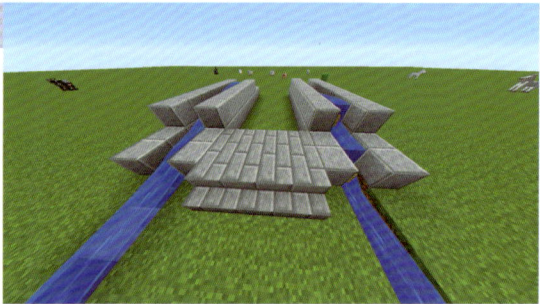

STEP 8

打造好桥身后，确认两边的引水道比桥身还要高一格。

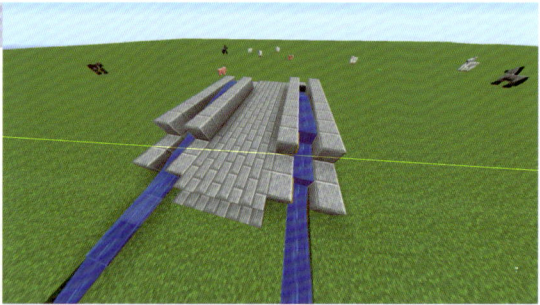

第1章
基础篇

第2章
环境篇

第3章
工具篇

第4章
建材篇

第5章
营建篇

第6章
装潢篇

第7章
建筑篇

STEP 9

打掉桥身旁的平滑安山岩，补上桦木栅栏当作桥身的护栏。

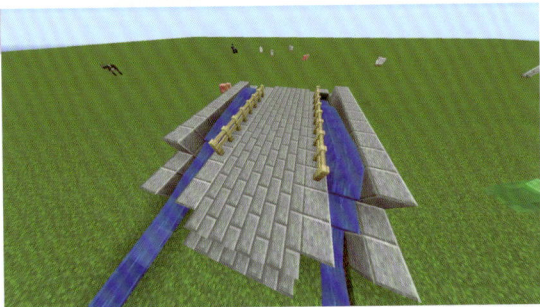

STEP 10

最后打掉桥头桥尾的草地让水流连接起来，就大功告成了！

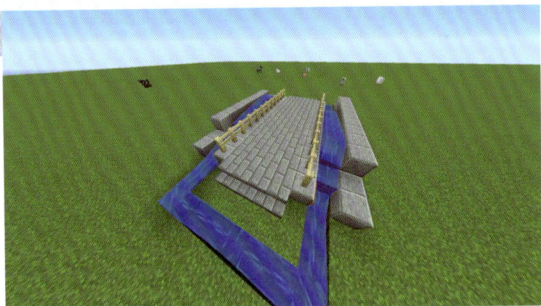

追加装饰1

在桥头桥尾处可以补上一些水源，并在上面放置荷叶，形成步道。

追加装饰2

在草地上可以摆一些玫瑰花，看起来会更加好看！

第7章

建筑篇

复杂的建筑
双塔要塞

再宏伟的建筑也是从一砖一瓦盖起来的。这个双塔要塞只要一些石砖和水就可以盖出来哦，赶紧试着做做看吧！

材料数量

石砖×900　　鹅卵石×500　　石砖半砖×100　　鹅卵石半砖×30

浮雕石砖×500　　石砖楼梯×100　　杉木材×100　　铁门×2

水桶×4

玩过 MINECRAFT 之后才知道什么叫好玩，用过网易考拉海购之后才知道什么叫划算

第1章
基础篇

第2章
环境篇

第3章
工具篇

第4章
建材篇

第5章
营建篇

第6章
装演篇

第7章
建筑篇

STEP 1

先用石砖打造出一个3×15的长方形区域，作为城墙基准。

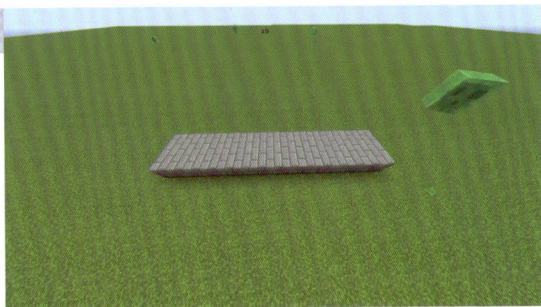

STEP 2

完成城墙基准后，于两侧摆放5×5的矩形鹅卵石区域，作为双塔基准。

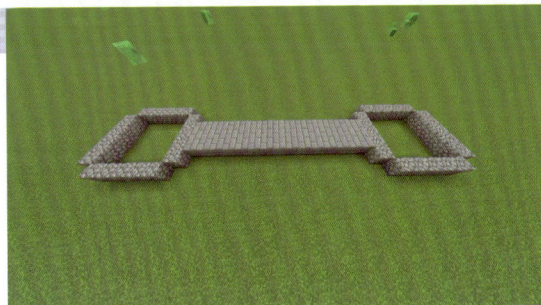

STEP 3

接着，将城墙基准往上盖到6~7层的高度，而双塔则盖到11~12层的高度。

STEP 4

挖掉城墙中间以及双塔中间的石砖和鹅卵石，补上杉木材。

STEP 5

接着，城墙和双塔的外侧补上整砖和半砖，要塞基本上就已成形。

STEP 6

在城墙正面由下往上数约5格高的区域挖出排水孔（红框处），并于下方挖出护城河。

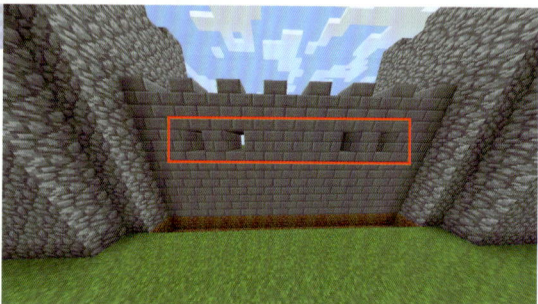

STEP 7

接着，回到城墙另一侧，于排水孔后设置接水引道。

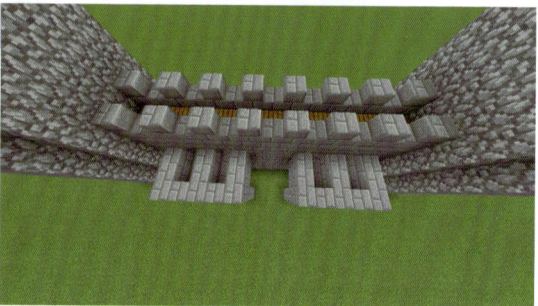

STEP 8

引道后用浮雕石砖设置两个小型水塔，位置尽量对准接水引道处，并且高度要比城墙高。

第1章
基础篇

第2章
环境篇

第3章
工具篇

第4章
建材篇

第5章
营建篇

第6章
装潢篇

第7章
建筑篇

STEP 9

完成小型水塔后，装水并往前铺排水道使水往下流，让水能够流到城墙的接水处。

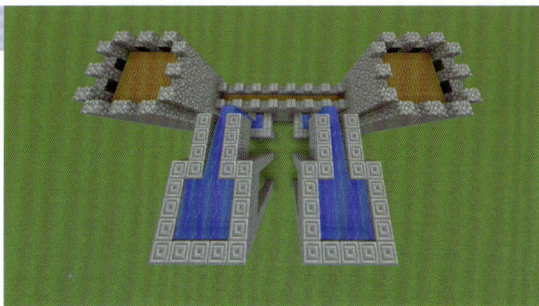

STEP 10

回到城墙正面，确认水已经引到护城河，就大功告成了。

追加装饰 1

将双塔的中间挖空，并装上玻璃及铁门，可以打造出更像是军事重地的感觉。

追加装饰 2

于城墙上和双塔处摆放旗帜及火把，可以让双塔要塞看起来更加美观。

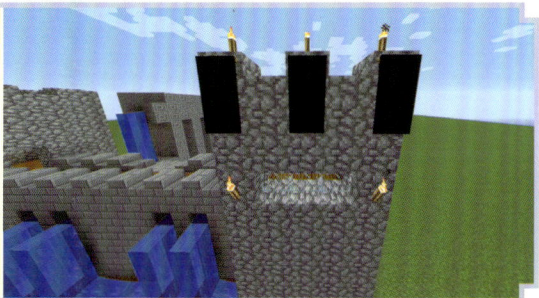

达人的建筑
台北 101

要盖大型的建筑，建议号召人手组成团队并分工，或是安装"小木斧"插件来减少大面积枯燥乏味的建造过程，才能有效地节省时间和提升效率。

POINT 1

开始平地，挖出地基并规划出主楼及商场范围大小。根据比例计算后，主楼的范围设定为39×39，而旁边商场的部分，占地面积为主楼面积的三倍。

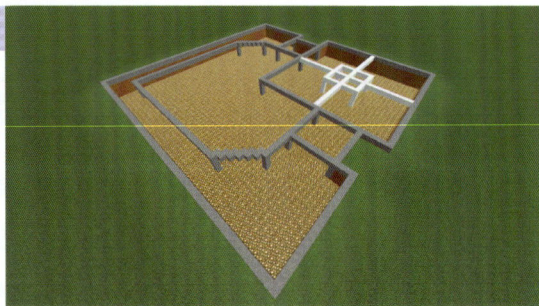

玩 MINECRAFT 品味游戏之美，上网易云阅读尽享读书之乐

第1章
基础篇

第2章
环境篇

第3章
工具篇

第4章
建材篇

第5章
营建篇

第6章
装潢篇

第7章
建筑篇

POINT 2

依规划范围盖出商场及大楼的骨架。101大楼基座以上共有8个环节，玩家在兴建时要留意这些环节哦！

POINT 3

完成骨架后，先从主楼开始建造门面及楼层。

POINT 4

若大楼仅需要外观部分，可将内部填满海灯笼或荧光石，夜间即有照明的效果。

POINT 5

盖出每一楼层的窗户及外观，并预留玻璃摆放的空间。

POINT 6

使用青色玻璃及玻璃片将大楼包覆，彩色玻璃隐约透出里面的窗户，让大楼外观更贴近真实。

POINT 7

依照上述步骤完成大楼8个环节。

POINT 8

完成大楼楼顶及避雷针，最顶端刚好在256格。

POINT 9

接着开始建造旁边的商场。一样先围出骨架、楼层及窗户。

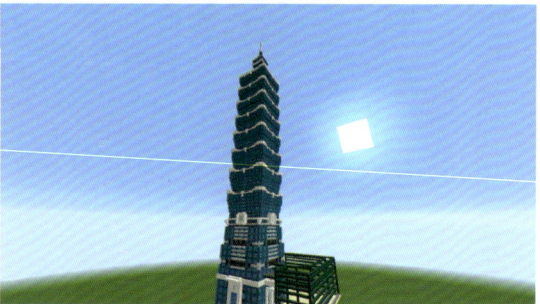

MINECRAFT 是最好玩的游戏，网易新闻客户端有最时鲜的新闻

POINT 10

围上青色玻璃片，并且加上外观及装饰。

POINT 11

别忘了商场的梅花造型屋顶哦！

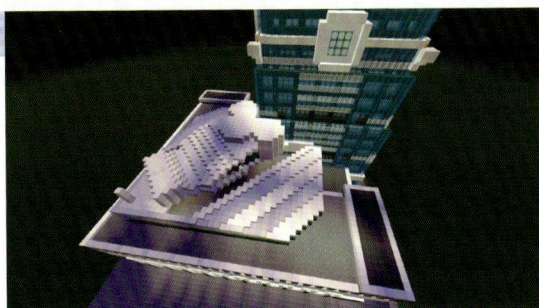

POINT 12

完成梅花造型屋顶，建议以半砖建造斜面的物体，视觉效果更自然。

POINT 13

修饰大楼装饰，并检查有无遗漏的部分。

第1章 基础篇

第2章 环境篇

第3章 工具篇

第4章 建材篇

第5章 营建篇

第6章 装潢篇

第7章 建筑篇

POINT 14

美化大楼周围，玩家们可以依喜好盖出理想的101广场——著名的LOVE字样装置艺术。

POINT 15

最后为广场周围做上绿化工程，栽种行道树及植物，即完成你的台北101喽！

追加装饰1

可以依照喜好在附近规划道路及更多建筑，营造整个市区的氛围。

追加装饰2

除了建筑外，也可以摆上各式车辆或是人物，打造繁忙的台北城景观。

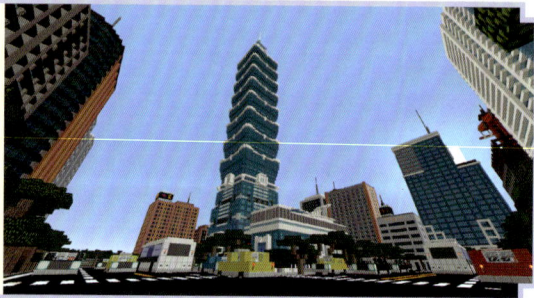

玩过 MINECRAFT 之后才知道什么叫好玩，用过网易考拉海购之后才知道什么叫划算

达人的建筑
城塔

虽然外形看起来有点单纯，不过关键的技术可是都包含在里面哦。

使用材质包：conquest-1.9

POINT 1

一开始我们要先找一块平坦一点儿的地，不一定要完全平整，只要地形不太杂乱即可。然后盖一个圆作为塔的范围，记得直径一定要是奇数。

POINT 2

把圆加高，高度自己设定就可以了，原则就是圆越大，高度越高。

第1章 基础篇

第2章 环境篇

第3章 工具篇

第4章 建材篇

第5章 营建篇

第6章 装潢篇

第7章 建筑篇

POINT 3

将顶端铺满作为平台，然后用闪长岩延伸出来准备作瞭望台。

POINT 4

把瞭望台的外观拉出来，高度就是一般室内的高度，三四格就好，并且适当地留孔作为窗户使用。

POINT 5

使用丛林木材来收屋顶，直径比瞭望台少一格左右。

POINT 6

屋顶每三格就往内缩一格，一边往上盖一边缩。

POINT 7

往上盖到一定的地方后，屋顶就会开始变成四方形，这时记得中间和上层的四个角要再往内切，这样上端的屋顶才会好看。

POINT 8

继续往上盖，直到缩成一格，成为一个尖塔为止。

POINT 9

在每一层的四个边再各放两个木材修饰，让塔不至过于四方。

POINT 10

最后，在塔的上方用木栅栏跟羊毛做出像是随风飘扬的旗帜，一个城塔就完成喽！

第1章 基础篇

第2章 敌兽篇

第3章 工具篇

第4章 建筑篇

第5章 营建篇

第6章 装潢篇

第7章 建筑篇

达人的建筑
城门

想必很多玩家都看过或玩过中古世纪类的电影、游戏，其中的城门真是漂亮得不得了。想在Minecraft里也盖一个吗？下面，我们用前面介绍的城塔，将两个城塔连起来盖出一个城门。

使用材质包：conquest-1.9

POINT 1

一开始先用鹅卵石做出城门的深度跟宽度，记得都尽量使用奇数格。如果要配合城塔的话，城门深度就不要超出城塔的直径。

玩过 MINECRAFT 之后才知道什么叫好玩，用过网易考拉海购之后才知道什么叫划算

POINT 2

拉出一个拱形，高度记得不要太高，最好是配合宽度做调整，也就是城门越宽，高度才做得越高。

POINT 3

将拱往后延伸，让城门的拱体形状整个出来。

POINT 4

再把整个城门的框体形状拉出来。

POINT 5

用平滑闪长岩或其他材质补满，使整个城门较有立体感，并用木头将上方的通道铺上。

第1章 基础篇

第2章 环境篇

第3章 工具篇

第4章 建材篇

第5章 高建篇

第6章 装潢篇

第7章 建筑篇

POINT 6

接着开始延伸墙壁至城塔，上缘的高度可以视城塔的高度做调整。

POINT 7

然后把墙补满，再用木头把通道铺好。

POINT 8

用石砖以及石砖半砖把城门和城墙上的城堞盖起来。

POINT 9

同样的，再使用石砖、楼梯砖来修饰一下，让城墙的表面更立体，不至于太死板。

第1章
基础篇

第2章
环境篇

第3章
工具篇

第4章
建材篇

第5章
壹建篇

第6章
装潢篇

第7章
建筑篇

POINT 10

另一侧再盖一座城塔，然后将它们连接起来就完成喽。之后可以再用同样的方式多盖几个城塔连起来，这样就是一座完整的要塞了。

城门追加装饰

城门当然还是少不了门，可以使用木材跟铁砖做城门。记得上方要留缺口以及下面要铺轨道，让门看起来是可以活动的。

城塔追加装饰

在瞭望台的下方加一些倒楼梯砖、鹅卵石墙跟木栅栏作为修饰，可以让整个城塔的感觉更丰富哦。

达人的建筑
喷水池

点缀作品的最好建筑就是喷水池了，可以调整方块控制水流方向，让整体更加漂亮！

POINT 1

首先用石英在草地以下低一格盖一个直径为21的圆并填满。

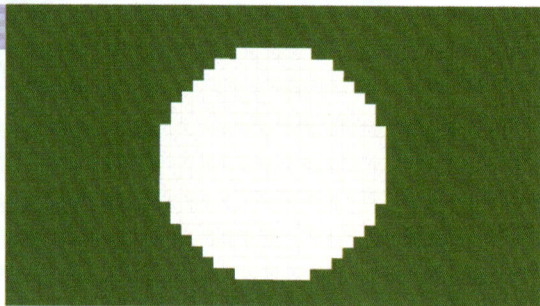

POINT 2

用砂岩在圆的上方外围盖一圈。

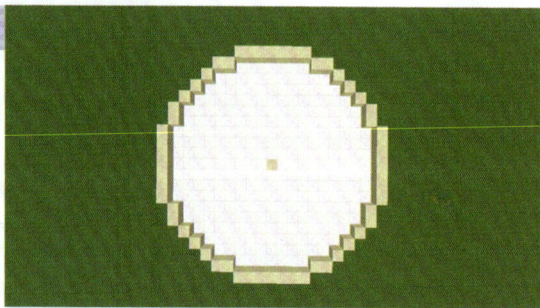

POINT 3

再用浮雕石英砖盖一圈
5×5的座台。

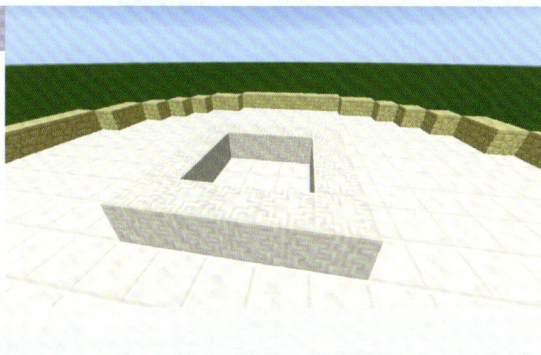

POINT 4

用石英楼梯与石英柱把座
台盖出来。

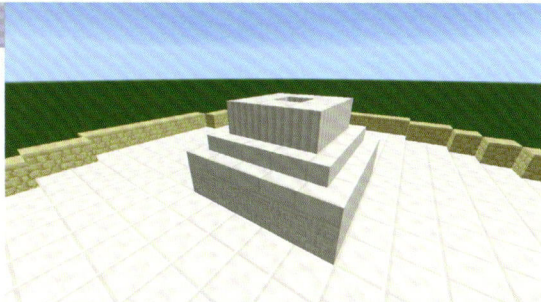

POINT 5

把半砖包在石英柱的外
围，这样就完成底座台了。

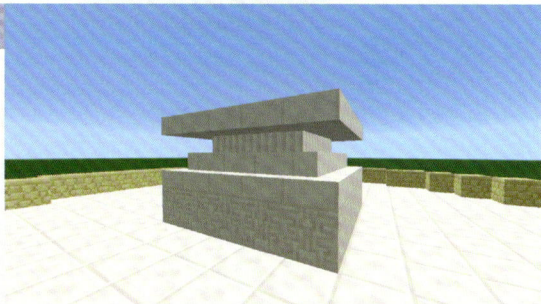

POINT 6

做好底座后，把直径15
的圆盖在底座上。

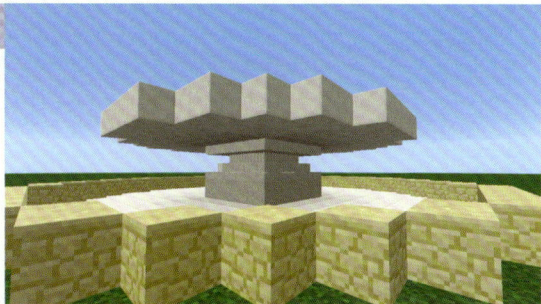

第1章
基础篇

第2章
环境篇

第3章
工具篇

第4章
建材篇

第5章
管理篇

第6章
装潢篇

第7章
建筑篇

POINT 7

在第二层的水池边缘用浮雕石英砖每两块空一格盖出间隔。

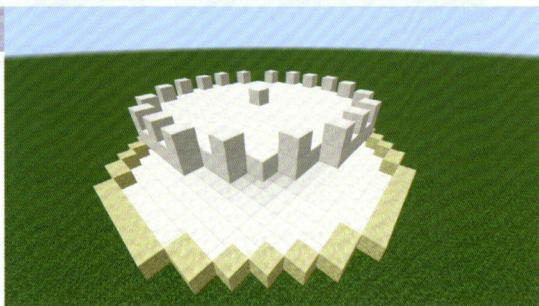

POINT 8

第二层的中间再用石英柱与楼梯盖底座。

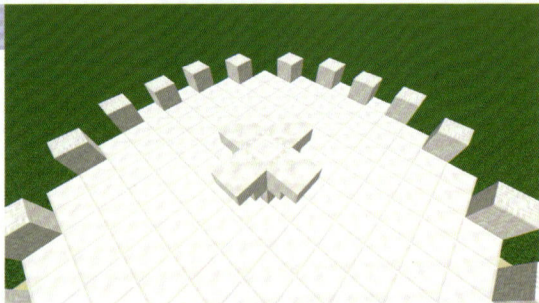

POINT 9

再把底座上盖上3×3的石英砖，旁边围半砖。

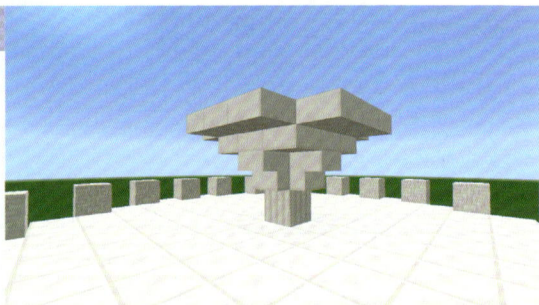

POINT 10

这样就完成第三层底座了。再用石英砖在底座上盖直径为5的圆，并且边缘盖间隔方块。

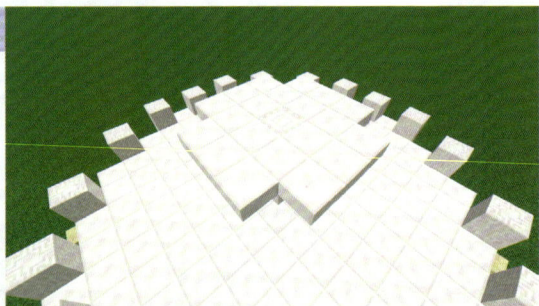

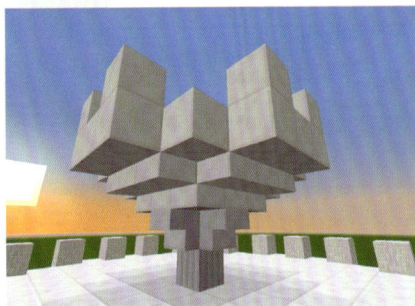

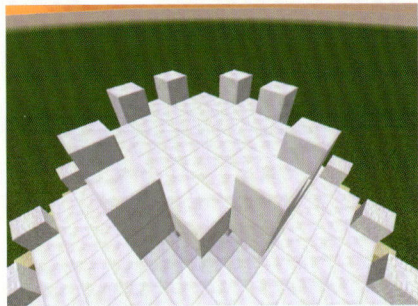

POINT 11

在第四层中间放石英柱与楼梯。

POINT 12

最后，从最底层开始放水到最高层。

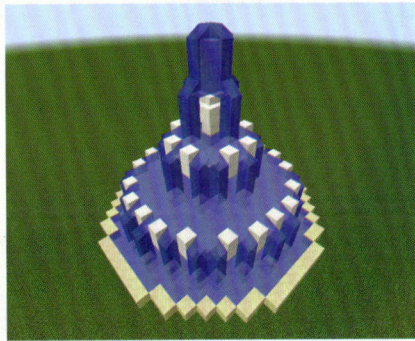

达人的建筑
美式洋房

豪宅代表建筑之一，在后面也会介绍室内装潢的摆法哦。

使用材质包：soartex fanver　使用版本：1.6.4

POINT 1

建议玩家们在建造前，先画个设计图，或是搜集将要建设的建筑物相关资讯，这样一来可减少因错误而重盖的发生率，也不会在建造时毫无头绪。建造时首先整理出一块地，依预建造的建筑规模来确定地块大小。

POINT 2

在纸上大略画出心目中理想的建筑外观，也可以上网搜寻实际建筑的外观来参考。

玩过 MINECRAFT 之后才知道什么叫好玩，用过网易考拉海购之后才知道什么叫划算

第1章
基础篇

第2章

第3章
工具篇

第4章
建材篇

第5章
营建篇

第6章
装潢篇

第7章
建筑篇

POINT 3

　　首先，在地块上以任一材质方块围出建筑物范围，也可以一并划分庭院及泳池设施。

POINT 4

　　围好范围后，接着建构出建筑物第一层架构。这时玩家必须规划好理想的楼层高度。本建筑的楼层高度为5。

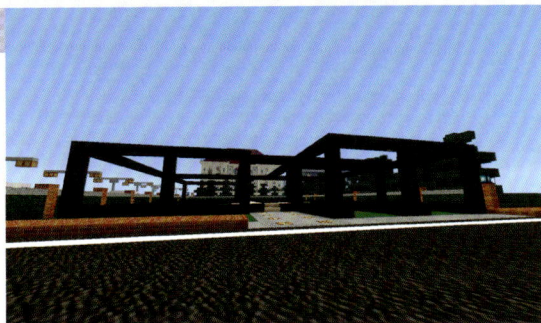

　　规划出一、二楼层总高度。建议楼板高度为2，这样便可在设计内装时兼顾到天花板和地板装饰。

POINT 5

　　确认好楼层高度之后，接着完成整栋楼房的骨架。

POINT 6

使用砂岩将一、二楼的楼板铺满，并且预留两层楼的通道（楼梯间）。

POINT 7

使用平滑砂岩及砂岩系列的材质将外墙砌起来，并预留窗户。

POINT 8

侧面烟囱使用鹅卵石材质建造。

POINT 9

完成建筑后侧外墙，并预留阳台及窗台。

游戏我玩 MINECRAFT，学习我用网易云课堂

POINT 10

接着将预留窗户的位置填满玻璃，并且以石砖半砖装饰车库铁卷门。

POINT 11

在适当位置加上室外照明，增加亮度。

POINT 12

利用砂岩将屋顶范围堆砌起来，内部可做阁楼使用。

POINT 13

使用地狱楼梯当屋瓦，将屋顶包覆，完成主体建筑外观。

第1章 基础篇

第2章 环境篇

第3章 工具篇

第4章 建材篇

第5章 营建篇

第6章 装潢篇

第7章 建筑篇

POINT 14

室内部分可依个人喜好规划隔间。

POINT 15

完成隔间墙，最后加上灯光照明，一座楼房就完成喽！

追加装饰 1

隔间做好后，便可依照隔间需求摆放适当家具及灯具。

追加装饰 2

除了地面上一、二楼外，不妨再挖个地下室，做个私人酒吧或是俱乐部吧。

第 7 章

建筑篇

玩 MINECRAFT 品味游戏之美，上网易云阅读尽享读书之乐

第1章
基础篇

第2章
环境篇

第3章
日照

第4章
材质篇

第5章
高建篇

第6章
装潢篇

第7章
建筑篇

达人的建筑
泰坦尼克号

宛如一座水上城市的泰坦尼克号，
以它来做书籍的结尾教学是最好的了。

使用材质包：willpack　使用版本：1.7.4

POINT 1

　　首先，在地图上找一片又宽又深的海域，海床一定要够深，不然你的船马上就会搁浅了哦。玩家也可以直接开启海洋模式的地图，这样就不用为了寻找海域而花大把时间了！

　　找到地点后，便可以开始搜集有关泰坦尼克号的资讯。兴建前建议玩家先画一个设计规划图来规划建造区域及步骤，以免作业时毫无头绪。

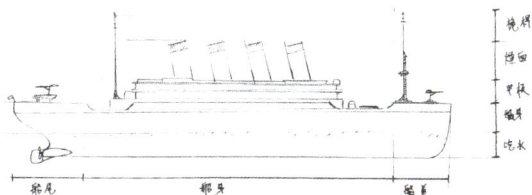

POINT 2

接着在海面上任意选用一种材质方块（也可以直接使用挑选好的材质），大致标记出船首和船尾位置、船身龙骨长度、吃水区域以及船身甲板的高度。

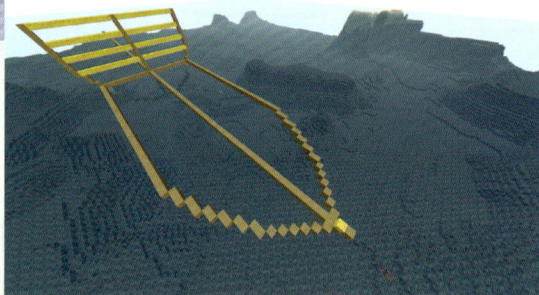

POINT 3

大略围出船首的骨架及形状。

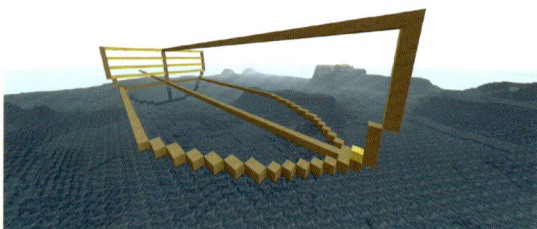

POINT 4

使用选定的材质照着轮廓将船首盖出来，图中船身的宽度为29格（甲板27格＋外围2格）。

POINT 5

接着，沿着骨架轮廓盖出船尾。

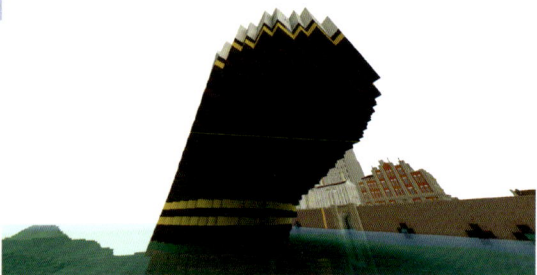

第1章
基础篇

第2章

第3章

第4章

第5章
高建篇

第6章
装潢篇

第7章
建筑篇

POINT 6

别忘了水下的螺旋桨以及尾舵哦！

POINT 7

船首跟船尾完成后，再沿着龙骨将中间的船身补起来，并加上窗户装饰。如果无需内装则可用荧光石将船身内部填满，即完成船体部分。

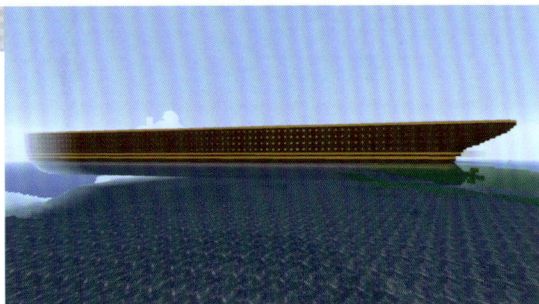

POINT 8

使用条纹石英砖以及橡木、玻璃建造第一层客用甲板。

POINT 9

接着，于第一层客用甲板上规划出船首及船尾的装卸货作业区。

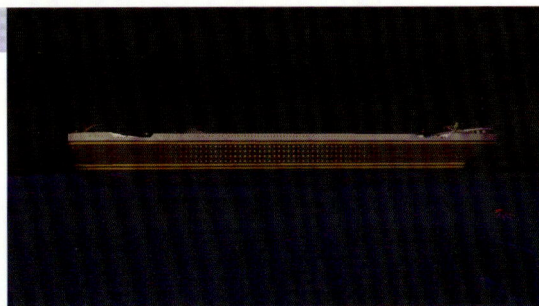

POINT 10

盖出船首作业区的货舱门以及起重吊架。

船尾作业区同样加上吊挂机具及装饰。

POINT 11

盖出第二、第三层客用甲板。

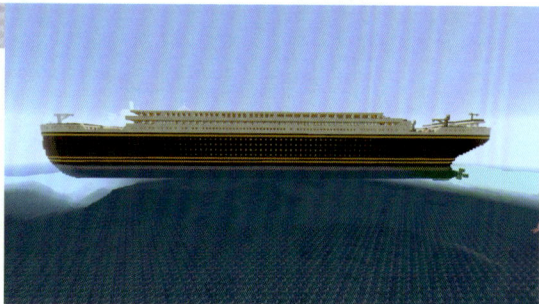

POINT 12

盖出顶层甲板，装上救生艇。

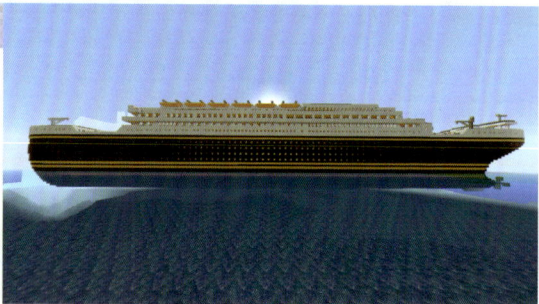

POINT 13

可利用棕色地毯铺满甲板外围的围墙，做出木质围栏的效果。

POINT 14

最经典的船长室当然不能省略啦！

POINT 15

在甲板的最顶层规划出烟囱摆放的位置，接下来要放上泰坦尼克号最有代表性的烟囱啦！

装上烟囱，基本船形告一段落喽！

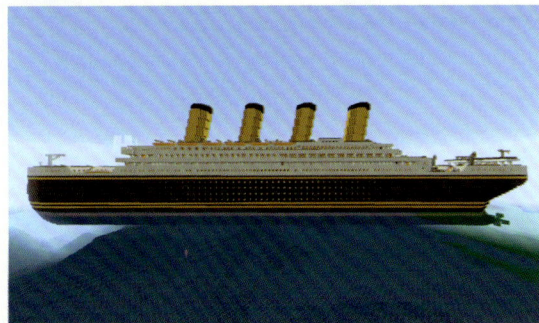

第 1 章 基础篇

第 2 章 环境篇

第 3 章 工具篇

第 4 章 建材篇

第 5 章 营建篇

第 6 章 装潢篇

第 7 章 建筑篇

POINT 16

接着在船尾及船首安装桅杆，并且在船首的桅杆上安装发现冰山的瞭望台。

POINT 17

在两条桅杆之间加上缆线。

POINT 18

接着用石砖半砖、铁砖及铁栏杆盖出抽风机、散热管等工业风格的装饰。

POINT 19

整理船舱、走廊，为内部安装上光源、烽火台及木栏杆，可制作出小巧美观的壁挂灯饰哦！

游戏我玩 MINECRAFT，学习我用网易云课堂

POINT 20

在船尾插一面国旗吧。

POINT 21

最后检查一下是否有方块漏掉，进行最后的修补，即完成史诗级泰坦尼克号喽！

追加装饰 1

玩家们可以在附近规划一座19世纪风格的港口，让船停靠岸边，变成一个壮观的电影场景。

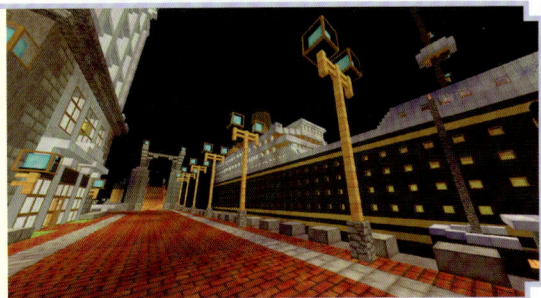

追加装饰 2

在港口附近如法炮制出几艘大小不一的轮船，让港口看起来更热闹。

第1章 基础篇

第2章 ？？？

第3章 ？？？

第4章 建材篇

第5章 营建篇

第6章 装潢篇

第7章 建筑篇

附录—合成清单

铲

合成

备注（所需材料）

木、石、铁、钻石、木棒

镐

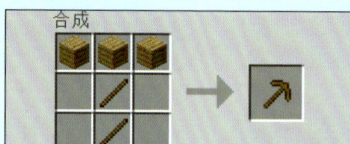

合成

备注（所需材料）

木、石、铁、钻石、木棒

斧

合成

备注（所需材料）

木、石、铁、钻石、木棒

锄

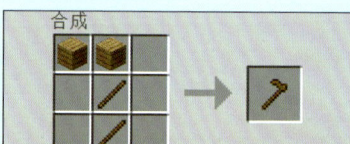

合成

备注（所需材料）

木、石、铁、钻石、木棒

门

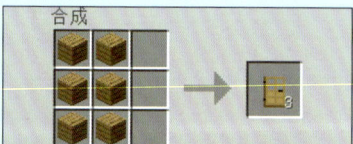

合成

备注（所需材料）

木材

地板门

合成

备注（所需材料）

木材

 栅栏

合成

备注（所需材料）

木材、木棒

 栅栏门

合成

备注（所需材料）

木材、木棒

 半砖

合成

备注（所需材料）

木、石、红砖、石砖等

 楼梯

合成

备注（所需材料）

木、石、红砖、石砖等

 红砖

合成

备注（所需材料）

红砖头

 石砖

合成

备注（所需材料）

石头

 活塞

合成

备注（所需材料）

木材、鹅卵石、铁锭、红石

 黏性活塞

合成

备注（所需材料）

史莱姆球、活塞

 染色羊毛

合成

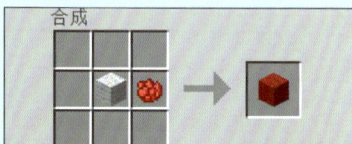

备注（所需材料）

羊毛、染料

 地毯

合成

备注（所需材料）

羊毛或染色羊毛

 铁桶

合成

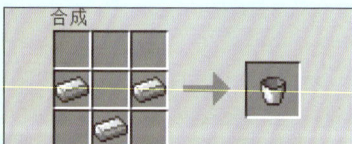

备注（所需材料）

铁锭

 红石灯

合成

备注（所需材料）

荧光石、红石

附 录

合成清单

告示牌

备注（所需材料）

木材、木棒

物品展示框

备注（所需材料）

木棒、皮革

旗帜

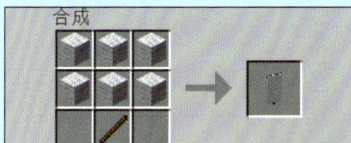

备注（所需材料）

羊毛、木棒

盔甲座

备注（所需材料）

木棒、石砖半砖

剪刀

备注（所需材料）

铁锭

打火石

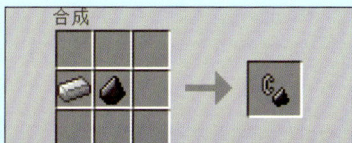

备注（所需材料）

铁锭、燧石

网易云阅读

网易云阅读，国内首家全方位数字出版平台，涵盖图书、小说、资讯等丰富内容，数十位明星和作家联袂推荐，是最有态度的阅读产品。60万册海量图书汇聚成国内最大移动书城，强力打造新书独家首发基地、热门影视剧原著阅读基地，《欢乐颂》《女医明妃传》等原著小说同步追。作为优质IP孵化基地，原创IP作品达50%以上，集结张君宝、冬雪晚晴、温瑞安等数千名知名网络文学作家和上万部原创作品，挖掘和孵化新生代内容资源和创作力量，全力打造原生IP的影视化、游戏化的全版权战略。作为致力于令全民爱上阅读的全能型移动阅读应用，截至目前，网易云阅读用户数已突破8000万。

网易漫画

网易漫画于2015年8月正式上线，是网易公司布局二次元产业、拓展青少年市场的战略性产品，是国内原创漫画重要的孵化平台。截至目前，已拥有超过5000部优质漫画作品在线版权，包括700余部美、日、韩等国家及中国香港、台湾地区漫画以及200余位独家签约的国内外漫画家，且移动端注册用户数超过300万。2015年10月，网易漫画宣布与日本著名游戏公司及发行商SQUARE ENIX合作，一次性独家引进该社63部漫画作品，是国内与日本漫画版权合作规模最大的一宗；2016年4月，网易漫画召开"源"计划战略发布会，网易ACG生态体系正式建立，这意味着网易将提升漫画、游戏、音乐、阅读等IP联动开发的商业价值，形成一个良性发展的ACG产业全版权生态系统。

网易新闻，2011年初网易传媒推出的基于移动终端平台的媒体资讯产品。多年来，网易新闻的内容建设和用户体验，赢得了用户的一致认可。作为国内首个系统建立原创栏目的移动资讯产品，网易新闻倾力打造50多档原创栏目，受到用户热捧。2015年，艾瑞、QuestMobile等多家知名数据机构报告显示，网易新闻的人均使用次数和人均使用天数等代表用户黏性的重要数据，均位居新闻资讯类App的首位。2016年，网易新闻先后推出了直播及问吧、话题、360°全景图片、视频观看等创新功能，为用户带来了前所未有的个性化阅读体验。目前，网易新闻已拥有超过1.1亿月活跃用户，知名度、行业口碑遥遥领先，下载量长期保持App Store新闻类软件第一位。

网易云音乐

网易云音乐，1亿乐迷为之狂热的音乐App。自2013年上线后获得行业专业认可，千位大牌明星首选，已成为知乎上口碑最好的音乐App。匠心雕琢的界面设计，高质量的乐评氛围，强社交互动，首创歌单概念，并将其作为产品核心架构，图片歌词分享，好评如潮，实现了极致的产品设计。截至目前，用户数已突破1亿。网易云音乐，让你拥有完美绝妙的音乐体验！

邮 网易邮箱大师

　　网易邮箱大师，18年专业邮箱服务经验，打造更好用的手机邮箱。不止是邮箱，更是移动办公利器。完美支持一键登录，轻松管理你的所有邮箱，已支持全球600,000多种邮箱登录，可以同时管理网易邮箱、QQ邮箱、Gmail、139邮箱、Hotmail、新浪邮箱等各类个人邮箱，还支持添加网易企业邮、腾讯企业邮、263企业邮等各类企业邮箱和国内外各高校的.edu邮箱。

网易考拉海购

　　网易考拉海购，网易旗下以跨境业务为主的综合型电商。作为网易集团投入大量优质资源打造的战略级产品，网易考拉海购主打自营直采的理念，深入产品原产地，与全球数百个优质供应商和一线品牌达成战略合作，仅一年就跻身跨境电商第一梯队。网易考拉海购销售品类涵盖母婴、美容彩妆、家居生活、营养保健、环球美食、服饰箱包、数码家电等。100%正品，天天低价，7天无忧退货，快捷配送服务，为消费者提供海量海外商品购买渠道，希望帮助中国用户"用更少的钱，过更好的生活"，助推消费和生活的双重升级。

网易云课堂，网易公司旗下领先的实用技能学习平台。与清华大学五道口金融学院、国际学术出版商 Wiley、创新工场、艾问传媒等多家权威高校、教育机构合作，在汇集优质课程资源的基础上，增设丰富的学习管理和支持功能，为用户提供教学内容的生成、传播和消费服务，让每一个有意愿提升自己的人都能在此获得更优质的教育资源。2015年2月，网易云课堂推出以就业为导向的职业体系化培养方案——微专业，致力于解决传统教育与社会需求脱节的问题。目前，已经上线的产品经理、前端开发工程师、UI设计师、产品运营等21个微专业，为"互联网+"时代提供了新颖的在线人才培养途径。截至2016年5月，网易云课堂已经拥有1万多门课程，覆盖18个教学领域，100多个细致分类，近20万个课程视频，合作机构/讲师近1500家（位），受到3000万注册用户的喜爱。

爱玩，作为网易旗下游戏新媒体，目前已成为国内最专业的游戏新闻与社区手机客户端。数百位特约作者入驻，打造了游戏科学、游戏艺术、每日一雷等二十多个原创栏目；百万玩家汇集，与大神玩家零距离沟通，感受游戏本质。

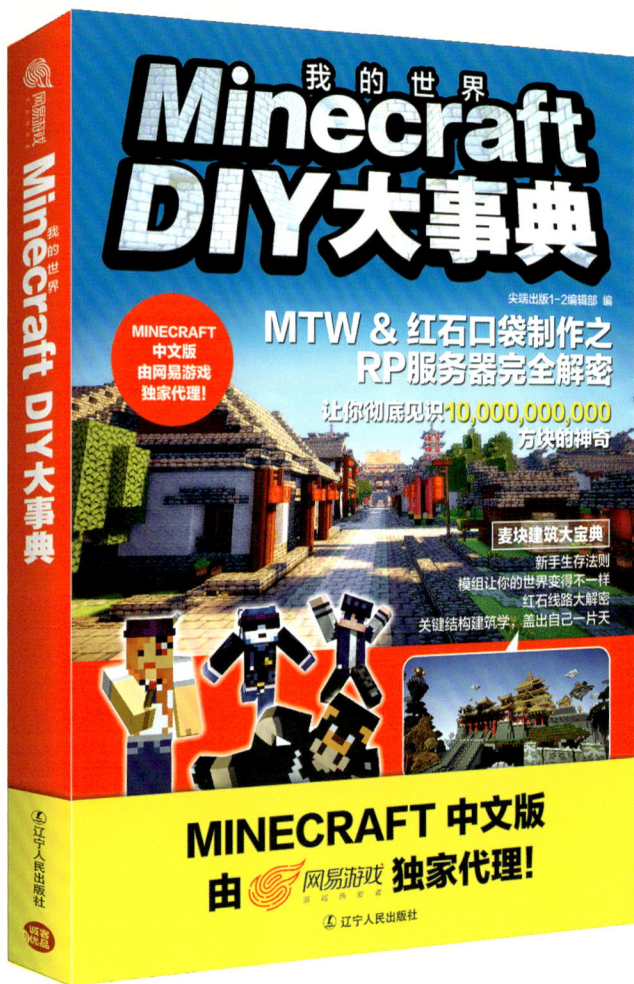

《Minecraft DIY 大事典》
MTW& 红石口袋制作之 RPG 服务器完全解密！

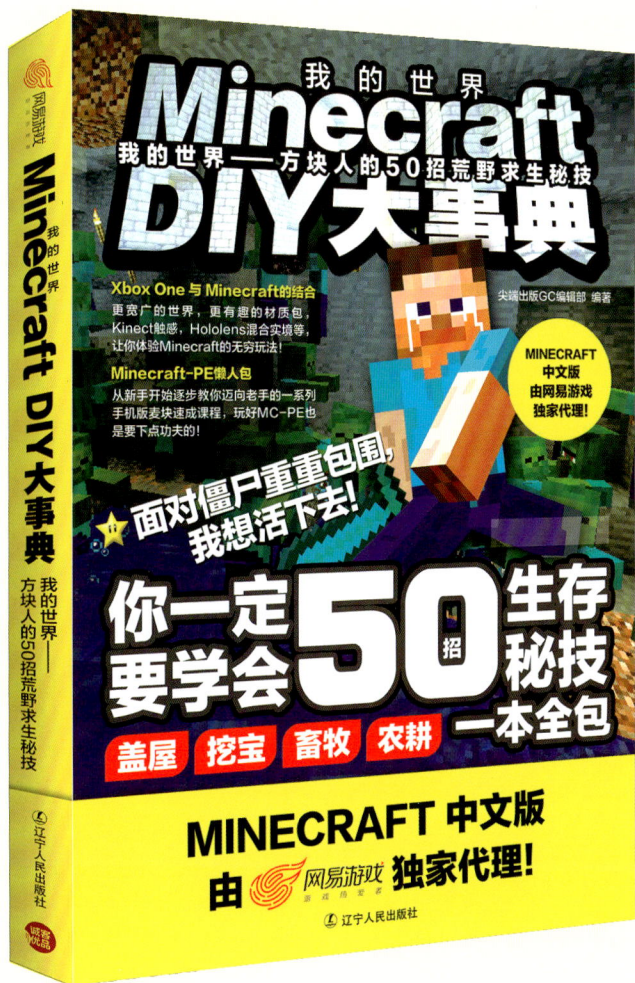

《Minecraft DIY 大事典：我的世界——方块人的 50 招荒野求生秘技》

生存模式达人教导 50 招荒野求生秘技，盖屋、挖宝、畜牧、农耕一本全包！

ⓒ 王育贞　张孝谦　卢品霖 2016

图书在版编目（CIP）数据

Minecraft建筑大百科：从小孩到大人都盖得出来的101座建筑 /
王育贞，张孝谦，卢品霖编著. —沈阳：辽宁人民出版社，2016.9
（2020.6重印）
　　ISBN 978-7-205-08666-4

　　Ⅰ.①M… Ⅱ.①王… ②张… ③卢… Ⅲ.①电子游戏—青少年
读物　Ⅳ.①G899-49

中国版本图书馆CIP数据核字（2016）第184451号

出版发行：辽宁人民出版社
　　　　　地址：沈阳市和平区十一纬路25号　　邮编：110003
　　　　　电话：024-23284321（邮　购）　024-23284324（发行部）
　　　　　传真：024-23284191（发行部）　024-23284304（办公室）
　　　　　http://www.lnpph.com.cn
印　　刷：辽宁星海彩色印刷有限公司
幅面尺寸：145mm×210mm
印　　张：6.75
字　　数：234千字
出版时间：2016年9月第1版
印刷时间：2020年6月第2次印刷
责任编辑：赵维宁
封面设计：80零·小贾
责任校对：刘再升
书　　号：ISBN 978-7-205-08666-4
定　　价：49.80元